JN121217

中等社会系教科教育研究

—社会科・地理歴史科・公民科—

中平一義　茨木智志　志村 喬 編著

風間書房

この本を手に取った皆さんへ

よりよい社会科の授業を目指して，先達たちが実践や研究を続けてきました。そして今も，よりよい社会科の授業を目指して，全国でたくさんの先生たちが日々，実践や研究をしています。言うまでもなく，よりよい社会科の授業は子どもたちのためにあります。子どもたちを一人の市民として育成することが目的です。そのために社会科では，空間的に事象を捉えたり，時間軸で出来事を整理したり，現在の社会を構成する様々なシステムを批判的に考察したりすることにより，現代の社会はどのようになっているのか，現代の社会では何が問題なのか，その問題を解決するために私は何ができるのか，将来どのような社会を私たちは形成したいのかなどを，子どもたちに考えさせることを大切にしています。一般的に，人権教育や環境教育，平和教育，消費者教育など，たくさんの○○教育がありますが，結局のところ子どもを市民として育成するという目的に収斂されます。

本書の構成は次の通りです。第Ⅰ部の第１章から第５章は，社会科という教科の目的・理念や歴史，学習指導要領の読み方や学習評価について，社会科を担当するうえで基礎となる理論的内容を解説しました。第Ⅱ部は中学校の社会科，第Ⅲ部は高等学校の地理歴史科・公民科について，それぞれの学習指導要領の内容やポイント，さらには授業実践事例を具体的に示し解説しました。紙幅の都合上，すべての教科目にかかわる授業実践事例を掲載することはできませんでしたが，優れた実践者の授業実践事例は読者の皆さんにとって参考になると思います。

このような構成からなる本書は，まだ教壇に立ったことのない人だけではなく，今教壇に立っている人，さらには中学校や高等学校の社会科教育に関心を持っている人にも役立つと考えています。この本が，皆さんの社会科の授業実践，そして子どもたちの育成に資することを願っています。

編者一同

出典等略称

- 地理的分野　中学校社会科地理的分野.
- 歴史的分野　中学校社会科歴史的分野.
- 公民的分野　中学校社会科公民的分野.
- 中教審答申　「幼稚園，小学校，中学校，高等学校及び特別支援学校の学習指導要領等の改善及び必要な方策等について（答申）」2016年12月21日.（それ以外の中教審答申は，「○○年○月の中教審答申」と表記する。）
- 2017年版　文部科学省「中学校学習指導要領（平成29年告示）」，2017年.
- 2018年版　文部科学省「高等学校学習指導要領（平成30年告示）」，2018年.
- 2017年版『解説』　文部科学省『中学校学習指導要領（平成29年告示）解説　社会編』2018年，東洋館出版社.
- 2018年版地歴『解説』　文部科学省『高等学校学習指導要領（平成30年告示）解説地理歴史編』2019年，東洋館出版社.
- 2018年版公民『解説』　文部科学省『高等学校学習指導要領（平成30年告示）解説公民編』2019年，東京書籍.

目　次

第Ⅰ部：理論編

第1章　社会科が目指すもの

―本章の概要―

本章では，社会科（中学校の社会科及び，高等学校の地理歴史科，公民科などの社会系教科をまとめて社会科とする。）が目指すものについて考えていきます。

1　社会科が育成を目指す個人

1.1　知的な理解と態度の統一的な形成

社会科は，どのような個人を育成することを目指しているのでしょうか。その個人が，どのような国家や社会を形成することを想定しているのでしょうか。

ここでは，社会科の深い発展に大きな影響を与えた上田薫の説明を参考にします。上田は社会科の意図を，次のように述べています（上田，1978）。すなわち，「社会科は，子どもに社会生活を理解把握させることによって，社会の向上進展に資する態度と能力とにつちかうことを任とする。」です。

上田は，「社会生活を理解し把握することはどのようなありかたによってなされるか」，「社会を向上進展せしめる能力態度を養うことはどのようなしかたによって可能であるのか」を問う必要があるとしつつも，それらは別々に語られるものではないとしています。これは，子どもに知識を与えさえすれば，それがそのまま役立つようになるとは言えないことを示しています。むしろ，子どもが過剰な知識におぼれ，まわりが見えなくなると，浅い外面性に押し流されると上田は指摘しています。そこで，子どもの個性的・具体的な（生活）環境を基盤として自主的・自発的な活動を促すことにより，ひとつの事実を追究させる学びが大切だとします。ひとつの事実を深めることが他の無数の事実への目を開くことになるからです。これは，子どもに知識を理解させるだけではなく，事実を掴みださせ，その事実間の関係性を認識させ，さらに，常にそれを再構成させ認識を深めさせることにより達成できると考えられます。社会科は，このように知的な理解と態度の統一的な形成を目指しているのです。

1.2　学習指導要領改訂の背景と社会科への影響

以上のような社会科の意図を前提にして，2017年版『解説』を基に学習指導要領改訂の経緯等について考えていきましょう。

現在の社会は，生産年齢人口の減少，グローバル化の進展，絶え間ない技術革新などにより以前の社会とは異なる様相を呈しています。さらに，人工知能（AI）の更なる進化により，未来の社会がどのようになるのかは予測困難です。今回の改訂では，そのような時代であっても，様々な変化に積極的に向き合い他者と協働して課題を解決していくことや，様々な情報を見極めて知識の概念的な理解を実現し情報を再構成するなどして新たな価値につなげていくこと，複雑な状況変化の中で目的を再構築することができるようにする教育の展開が学校に求められています。

では，社会科のこれまでの成果と課題についてはどのように言及されているのでしょうか。中教審答申では，「主体的に社会の形成に参画しようとする態度」や，「資料から読み取った情報を基にして社会的事象の特色や意味などについて比較したり関連付けたり多面的・多角的に考察したりして表現する力の育成が不十分」，「近現代に関する学習の定着状況が低い傾向にある」ことなどが指摘されました。そこで，これまでの学習指導要領でも育成することを目指してきた「生きる力」を，より具体的に明示すること，そのための学習指導の充実・改善，教科間等・学校段階等のつながりをふまえた教育課程の編成などについて示されました（具体的な資質・能力や学習指導等については，次章以降で述べていきます）。

さらに学習方法の例として，課題把握，課題追究，課題解決の三つの段階が例示されました。そこでは，問いなどによる動機付けや方向付け，情報収集や考察，選択や判断，そして構想などの活動が示されました。なお，こちらも詳しくは次章以降で述べていきますが，社会的事象等を見たり考えたりする際の視点や方法として，「社会的な見方・考え方」を働かせることも述べられています。

学習内容については，将来につながる現代的な諸課題を踏まえた教育内容の見直しを図ることが必要であるとされ，例えば，「日本と世界の生活・文化の多様性の理解」，「地球規模の諸課題や地域的な諸課題の解決」，「持続可能な社会の形成」，「防災・安全」，「選挙権年齢の18歳への引き下げに伴う内容」などが示されています。また，学習指導の充実・改善については，「主体的・対話的で深い学びの実現」に言及されています。さらに，教材や教育環境の充実について，「授業において，新聞や公的機関が発行する資料等を一層活用すること」，「博物館や資料館，図書館などの公共施設についても引き続き積極的に活用すること」，「地理系科目においては，地理情報システム（GIS）の指導に関わり，教育現場における GIS 活用を普及するための環境整備や広報等とともに，活用可能なデータ情報の一元的整理・活用が求められること」などが示されています。

このように，予測困難な社会の中であっても，これからの社会を形成することができる個人を育成するための方策が示されています。

2　社会科の目標と役割

2.1　中学校社会科の目標を例に

ここでは，中学校社会科を例に2017年版『解説』を参考にして考えていきます。なお，高等学校の地理歴史科，公民科については，後の章で述べていきます。中学校社会科の目標は次のように示されています。

社会的な見方・考え方を働かせ，課題を追究したり解決したりする活動を通して，広い視野に立ち，グローバル化する国際社会に主体的に生きる平和で民主的な国家及び社会の形成者に必要な公民としての資質・能力の基礎を次のとおり育成することを目指す。
（1）我が国の国土と歴史，現代の政治，経済，国際関係等に関して理解するとともに，調査や諸資料から様々な情報を効果的に調べまとめる技能を身に付けるようにする。
（2）社会的事象の意味や意義，特色や相互の関連を多面的・多角的に考察したり，社会に見られる課題の解決に向けて選択・判断したりする力，思考・判断したことを説明したり，それらを基に議論したりする力を養う。
（3）社会的事象について，よりよい社会の実現を視野に課題を主体的に解決しようとする態度を養うとともに，多面的・多角的な考察や深い理解を通して涵養される我が国の国土や歴史に対する愛情，国民主権を担う公民として，自国を愛し，その平和と繁栄を図ることや，他国や他国の文化を尊重することの大切さについての自覚などを深める。

2017年版『解説』によれば，子どもの本質的な学びを促し，深い学びを実現するための思考力，判断力の育成が生きて働く知識の習得に不可欠であるとされています。また，ここでの「社会的な見方・考え方」は，地理的分野「社会的事象の地理的な見方・考え方」，歴史的分野「社会的事象の歴史的な見方・考え方」，公民的分野「現代社会の見方・考え方」の総称として位置づけられています。なお，「公民としての資質・能力」は，従前の「公民的（公民としての）資質」の考え方を基本的には引き継いでいます。

（1），（2），（3）はそれぞれ，「何を理解しているか，何ができるか（生きて働く「知識・技能」の習得）」，「理解していること・できることをどう使うか（未知の状況にも対応できる「思考力・判断力・表現力等」の育成）」，「どのように社会・世界と関わり，よりよい人生を送るか（学びを人生や社会に生かそうとする「学びに向かう力・人間性等」の涵養）」といった，教育課程全体で育成を目指す資質・能力の三つの柱を示しています。詳しくは第2章で説明します。

2.2　社会科の役割

社会科が知的な理解と態度の統一的な形成を目指しており，さらに今回の学習指導要領で学習方法の一例として課題把握，課題追究，課題解決を行わせ選択・判断だけでなく構想までを目指していることは，子どもに何らかの価値判断や価値選択を行わせることになります。

ここで，特に述べておきたいことがあります。社会科では避けて通ることができない教育の中立性に関する内容です。ここでは政治的中立性について考えてみましょう。例えば，教育基本法第14条では，政治的教養が子どもの教育に必要であり，それを教える教育は尊重されなければならないとしつつも，第２項において特定の政党を支持するような党派教育などや，政治的活動を禁止しています。

2015年に文部科学省が示した「高等学校等における政治的教養の教育と高等学校等の生徒による政治的活動等について（通知）」では，「高等学校等の生徒が，国家・社会の形成者に主体的に参画していくことがより一層期待されている」と述べられています。一方で，1969年に文部省が示した「高等学校における政治的教養と政治的活動について（通達）」には「国家・社会としては未成年者が政治的活動を行うことを期待していないし，むしろ行わないように要請している」と述べられていました。つまり，1969年の通達と2015年の通知では，子どもの政治的教養を育む教育に変化があります。その理由を小玉（2019）は，「福祉国家を前提とした保護主義的な子ども・青年把握から，ポスト福祉国家段階における社会参加，政治参加の主体としての子ども・青年把握への転換」が生じたためとしています。

このように現在のポスト福祉国家において，子どもには，主体的に社会の形成ができるように社会参加・政治参加することが求められるとしているのであれば，社会的な問題に対して学校段階で学習ができるように，1969年の通達が2015年の通知へと変容していることは理解できます。しかし，そうであるならば，ポスト福祉国家という路線すらも議論の俎上にのせることができる教育をも学校でおこなうことが必要なのではないでしょうか。なぜなら，小玉の指摘のようにポスト福祉国家における主体の育成を前提とすると，個人に対する福祉などから撤退をしようとする国家を所与のものとすることが考えられるからです。

子どもが個別にポスト福祉国家と自らの生活の関係性を把握し，そこで何が起きているのか，それがどのような利点や問題点を生じさせているのか，そして将来はどうあるべきかを追究することができる社会科が考えられます。その場合，前提として福祉国家がどのような価値をもって構成されてきたのか，ポスト福祉国家ではどのような価値をもって社会を構成しようとしているのかを学ぶ必要があります。ただし，教員がこの価値だけが正しいとして教え込むことは中立性の観点から避けなければなりません。社会科は，現実の社会を扱うからこその難しさと，それでも子どもに教育するという責任があります。

このように社会科は，これからの国家や社会の形成者としての子どもを育成するという目標とそれを担う役割があるのです。

（引用・参考文献）

上田薫（1978）：「社会科をどう考えるべきか」，上田薫『上田薫社会科教育著作集・１巻　問題解決学習の本質』明治図書，pp. 108-140.

影山清四郎（1974）：「教科内容の構造と教材の性格－問題解決学習の必要性」，浜田陽太郎・上田薫編著『教育学講座　第10巻　社会科教育の理論と構造』学習研究社，pp. 2-16.

小玉重夫（2019）：「「国家と教育」における「政治的なるもの」の位置価－教育に政治を再導入するために」，森田尚人・松浦良充編著『いま，教育と教育学を問い直す－教育哲学は何を究明し，何を展望するか』東信堂，pp. 210-232.

（中平一義）

第2章　社会科の学習指導（教科の目標及び内容）

―本章の概要―

本章では，学習指導要領の改訂にともない示された，資質・能力を社会科の側面から説明します。授業の中で子どもの資質・能力を育むために，課題を追究したり解決したりする活動を行うことになります。その際に必要になる，社会的事象等の意味や意義，特色や相互の関連を考察したり，社会に見られる課題を把握して，その解決に向けて構想したりする際の視点や方法としての社会的な見方・考え方について教科目を分けて整理します。そこでは，問いの重要性についても考えてきます。最後に，本書における学習指導要領の構成と，その読み解き方について説明します。

1　学習指導要領からみる社会科

1.1　資質・能力の育成

中教審答申では，「新しい時代に求められる資質・能力」を子どもに育むために，学習指導要領等が「学校，家庭，地域」で共有し活用できる「学びの地図」としての役割を果たすことを目指して，その枠組みの改善を図りました。その中には，例えば，次に示す内容があります。

①「何ができるようになるか」（育成を目指す資質・能力）
②「何を学ぶか」（教科等を学ぶ意義と，教科等間・学校段階間のつながりを踏まえた教育課程の編成）
③「どのように学ぶか」（各教科等の指導計画の作成と実施，学習・指導の改善・充実）

さらに，中教審答申では学習指導要領の改訂に伴い，従前の「生きる力」

を育むといった目標をより具体化し，上記①の「何ができるようになるか」（育成を目指す資質・能力）について，教育課程全体を通して育成を目指す資質・能力を以下のア～ウの三つの柱に整理して示しました。

ア「何を理解しているか，何ができるか（生きて働く「知識・技能」の習得）」
イ「理解していること・できることをどう使うか（未知の状況にも対応できる「思考力・判断力・表現力等」の育成）」
ウ「どのように社会・世界と関わり，よりよい人生を送るか（学びを人生や社会に生かそうとする「学びに向かう力・人間性等」の涵養）」

2017年版『解説』によれば，次に示す内容は上記のア～ウを社会科の視点から述べたものになります。

ア　基礎的・基本的な「知識及び技能」の確実な習得
イ「社会的な見方・考え方」を働かせた「思考力，判断力，表現力等」の育成
ウ　主権者として，持続可能な社会づくりに向かう社会参画意識の涵養やよりよい社会の実現を視野に課題を主体的に解決しようとする態度の育成

まず，アの基礎的・基本的な「知識及び技能」については，次の通りです。単に理解しているか，できるかだけでなく，それらを生きて働かせてどう使うか，どのように社会・世界と関わり，よりよい人生を送るかといった，三つの柱で示された資質・能力の育成全体を見通した上で，その確実な習得が求められています。

次に，イの「社会的な見方・考え方」を働かせた「思考力，判断力，表現力等」の育成については，次の通りです。課題を追究したり解決したりする活動において，社会的事象等の意味や意義，特色や相互の関連を考察したり，社会に見られる課題を把握して，その解決に向けて構想したりする際の「視点や方法（考え方）」が社会的な見方・考え方であり，それらを働かせることにより「思考力，判断力，表現力等」の育成が求められています。そのために，問いの設定を工夫することにも言及されています。この社会的な見方・考え方や問いについては，後ほど別に述べたいと思います。また，「思考力，

判断力，表現力等」は，「知識及び技能」と「学びに向かう力人間性等」をよりよく発展させるための紐帯としての役割も求められています。

最後に，ウの主権者として，持続可能な社会づくりに向かう社会参画意識の涵養やよりよい社会の実現を視野に課題を主体的に解決しようとする態度の育成については，次の通りです。公職選挙法の改正に伴い選挙権年齢が満20歳以上から満18歳以上に引き下げられたこと，さらに，民法の改正により2022年４月からは成人年齢が18歳になることなども踏まえ，選挙権をはじめとする政治に参加する権利を行使する良識ある主権者としての自覚を深めることが求められています。つまり，主権者としてこれからの国家や社会を形成したり，身近な地域社会から地球規模の課題の解決に向けて主体的に社会参画することで持続可能な社会を形成したりすることができる態度の育成が求められているのです。

このように，上記①の「何ができるようになるか」（育成を目指す資質・能力）があります。そして，上記②の「何を学ぶか」では，新しい時代に必要となる資質・能力を踏まえて教科の目標や内容が構造的に示されたり，小中高の学校間のつながりを踏まえた教育課程の編成が求められたり，高校に「公共」が新設されたりしました。さらに，上記③の「どのように学ぶか」では，「課題を追究したり解決したりする学習」や「主体的・対話的で深い学び」が示され，質の高い理解により新しい時代に求められる資質・能力を育成することが言及されました。

1.2　社会的な見方・考え方を働かせるとは

中教審答申において，社会的な見方・考え方は次のようにまとめられました。すなわち，社会的な見方・考え方は，課題を追究したり解決したりする活動において，社会的事象等の意味や意義，特色や相互の関連を考察したり，社会に見られる課題を把握して，その解決に向けて構想したりする際の視点や方法です。

2017年版『解説』，2018年版地歴『解説』，2018年版公民『解説』，そして，小学校の学習指導要領解説社会編を参考に，社会的な見方・考え方を整理すると，次のようになります。

教科目	見方・考え方	内容
小学校社会科	社会的事象の見方・考え方	社会的事象を，位置や空間的な広がり，時期や時間の経過，事象や人々の相互関係などに着目して捉え，比較・分類したり総合したり，地域の人々や国民の生活と関連付けたりすること。
中学校社会科 地理的分野	社会的事象の地理的な見方・考え方	社会的事象を，位置や空間的な広がりに着目して捉え，地域の環境条件や地域間の結び付きなどの地域という枠組みの中で，人間の営みと関連付けること。
中学校社会科 歴史的分野	社会的事象の歴史的な見方・考え方	社会的事象を，時期，推移などに着目して捉え，類似や差異などを明確にしたり事象同士を因果関係などで関連付けること。
中学校社会科 公民的分野	現代社会の見方・考え方	社会的事象を，政治，法，経済などに関わる多様な視点（概念や理論など）に着目して捉え，よりよい社会の構築に向けて，課題解決のための選択・判断に資する概念や理論などと関連付けること。
高等学校 地理領域科目	社会的事象の地理的な見方・考え方	社会的事象を，位置や空間的な広がりに着目して捉え，地域の環境条件や地域間の結び付きなどの地域という枠組みの中で，人間の営みと関連付けること。
高等学校 歴史領域科目	社会的事象の歴史的な見方・考え方	社会的事象を，時期，推移などに着目して捉え，類似や差異などを明確にしたり事象同士を因果関係などで関連付けること。
高等学校 公民科公共	人間と社会の在り方についての見方・考え方	社会的事象等を，倫理，政治，法，経済などに関わる多様な視点（概念や理論など）に着目して捉え，よりよい社会の構築や人間としての在り方生き方についての自覚を深めることに向けて，課題解決のための選択・判断に資する概念や理論などと関連付けること。
高等学校 公民科倫理	人間としての在り方生き方についての見方・考え方	社会的事象等を，倫理，哲学，宗教などに関わる多様な視点（概念や理論など）に着目して捉え，人間としての在り方生き方についての自覚を深めることに向けて，課題解決のための選択・判断に資する概念や理論などと関連付けること。

高等学校 公民科 政治・経済	社会の在り方についての見方・考え方	社会的事象等を，政治，法，経済などに関わる多様な視点（概念や理論など）に着目して捉え，よりよい社会の構築に向けて，課題解決のための選択・判断に資する概念や理論などと関連付けること。

このように，小中高と段階的に関連している様子が見て取れると思います。では，課題を追究したり解決したりする活動において，これら見方・考え方を働かせるとはどのように考えればよいのでしょうか。2016年に教育課程部会社会・地理歴史・公民ワーキンググループで示された資料14（平成28年5月13日）を参考にして，社会的な見方・考え方を働かせる「視点や方法（考え方)」の追及の視点例や，問いの例について考えていきます。なお，紙幅の都合により，すべてを記載することができないことを予めお断りしておきます。次のように整理することができます。

教科目	考えられる追究の視点例	問いの例 （上段が考察・下段が構想の例）
中学校社会科 地理的分野	○位置や分布に関わる視点 →絶対的，相対的規則性・傾向性，地域差など ○場所に関わる視点 →自然的，社会的など ○人間と自然の相互依存関係に関わる視点 →環境依存性，伝統的，改変，保全など ○空間的相互依存作用に関わる視点 →関係性，相互性など ○地域に関わる視点 →一般的共通性，地方的特殊性など	・それは，どこに位置するのだろう。 ・それは，どのように分布しているだろう。 ・そこは，どのような場所だろう。 ・そこでの生活は，まわりの自然環境からどのような影響を受けているだろう。 ・そこは，それ以外の場所とどのような関係を持っているだろう。 ――― ・それは，（どこにある，どのように広げる，どのような場所とする，どのような自然の恩恵を求める，どのように自然に働き掛ける，他の場所とどのような関係を持つ，どのような地域となる）べきなのだろう。
中学校社会科 歴史的分野	○年代の基本に関わる視点 →時期，年代，時代区分など ○諸事象の推移や変化に関わる視点	・いつ（どこで，誰によって）おこったか。 ・どのような時代だったか。

	→変化，発展，時代の転換など ○諸事象の特色に関わる視点 →相違，共通性，時代の特色など ○事象相互の関連に関わる視点 →背景，原因，結果，影響など	・どのような影響を及ぼしたか。 ・なぜそのような判断をしたと考えられるか。 ・歴史を振り返り，よりよい未来の創造のために，どのようなことが必要とされるのか。
中学校社会科 公民的分野	○現代社会を捉える視点 →対立と合意，効率と公正，個人の尊重，自由，平等，選択，配分，法的安定性，多様性など ○社会に見られる課題の解決を構想する視点 →対立と合意，効率と公正，民主主義，自由・権利と責任・義務，財源の確保と配分，利便性と安全性，国際協調，持続可能性など	・なぜ市場経済という仕組みがあるのか，どのような機能があるのか。 ・民主的な社会生活を営むために，なぜ法に基づく政治が大切なのか。 ・よりよい決定の仕方とはどのようなものか。 ・社会保障とその財源の確保の問題をどのように解決していったらよいか。
高等学校地歴科 地理総合	○位置や分布に関わる視点 →時間距離，時差，等質（均質，同質），類似など ○場所に関わる視点 →共通性，多様性など ○人間と自然の相互依存関係に関わる視点 →限界性，防災・減災など ○空間的相互依存作用に関わる視点 →移動性，圏構造（都市圏…），グローバル化など ○地域に関わる視点 →規模，格差，変容，持続可能性など	・それは，なぜそこに位置するのだろう。 ・それは，なぜそのように分布しているだろう。 ・そこでの生活は，まわりの自然環境になぜそのような影響を与えているのだろう。 ・なぜ，それは（そこにある，そのように広がる，そのような場所となる，そのような自然の恩恵を受ける，そのように自然に働き掛ける，他の場所とそのような関係を持つ，そのような地域となる）べきなのだろう。
高等学校地歴科 歴史総合	○年代の基本に関わる視点 →時期，年代，時代など ○諸事象の推移や変化に関わる視点 →変化，継続，転換など ○諸事象の特色に関わる視点 →相違，共通性など ○事象相互の関連に関わる視点	・いつ（どこで，誰によって）おこったか。 ・どのような影響を及ぼしたか。 ・何が，なぜ，どのように変化したか。 ・何が転換したか。 ・何が課題として残されたか。

	→背景，原因，結果，影響，関係性，相互作用など	・どのような選択が可能だったか。 ・歴史を振り返り，よりよい未来の創造のために何を展望するか。
高等学校公民科 公共	○人間と社会の在り方を捉える視点 →幸福，正義，公正，個人の尊厳，自由，平等，寛容，委任，希少性，機会費用，利便性と安全性，多様性と共通性など ○公共的な空間に見られる課題の解決を構想する視点 →幸福，正義，公正，協働関係の共時性と通時性，比較衡量，相互承認，適正な手続き，民主主義，自由・権利と責任・義務，平等，財源の確保と配分，平和，持続可能性など	・社会を成立させる背景にあるものは何か。 ・社会に参画し，他者と協働する倫理的主体として個人が判断するための手掛かりとなる考え方は何か。
		・よりよい集団，社会の在り方とはどのようなものか。 ・公共的な場づくりや安全を目指した地域の活性化のために，私たちはどのように関わり，持続可能な社会づくりの主体となればよいか。

中学校社会科歴史的分野を例に考えてみましょう。社会的事象の歴史的な見方・考え方は「社会的事象を，時期，推移などに着目して捉え，類似や差異などを明確にしたり事象同士を因果関係などで関連付けること」です。社会的事象を歴史的に追究する視点として，相違や共通性があります。これは，見方・考え方の「類似や差異など」に関わるものです。例えば，平安時代と鎌倉時代を比較し，子どもに考察させるために，「どのような（政治体制の）時代だったか」と問い，「相違や共通性」を視点として追究させることで「類似や差異など」を明らかにします。さらに，平安時代と鎌倉時代を形成していく人物などが，「なぜそのような（社会を形成するような）判断をしたのか」を問うこともできます。そこで，子どもに，資料などを読み解かせたりして，思考したり，判断したりすることにより自らの考えを形成したり，それを発表させることで表現させたりするという授業の展開が考えられます。

また，学習指導要領の中では，「多面的・多角的」な視点にも言及されています。例えば，平安時代と鎌倉時代の比較について，政治的な側面，経済的な側面，文化的な側面などから比較検証することが多面的な視点であり，貴族や武士，農民などの立場に立って比較検証することが多角的な視点となります。

なお，中学校社会科公民的分野や高等学校公民科に関しては，「対立と合意」や「幸福，正義，公正」などの概念的な枠組みを理解させ，活用して考えさせることも求められています。このように，見方・考え方を働かせることにより，社会を考察，判断させることが大切です。そのためには，教師が子どもの実態や学習内容を踏まえた問いにこだわることが求められます。具体的な授業の展開や問いの構想については，後の章で示したいと思います。

2　学習指導要領の構成と内容の読み方[1)]

2.1　学習指導要領の構成の読み方

本章の最後に，学習指導要領の構成と内容の読み解き方について考えていきます。ここでは，2017年版『解説』を例にして，学習指導要領の構成を読み解いていきたいと思います。

第１に，全体の目標（中学校社会科全体の目標）があります。その目標は，柱書としての目標と，三つの資質・能力（「知識及び技能」，「思考力，判断力，表現力等」，「学びに向かう力・人間性等（態度）」）の育成に沿った目標に分かれます。

第２に，各分野の目標と内容がそれぞれ示されています。中学校社会科では，地理的分野，歴史的分野，公民的分野別に記載された柱書としての目標と，三つの資質・能力の育成に沿った目標が示されています。さらに，内容と内容の取扱いが記されています。

第１　中学校社会科の全体の目標
　１　中学校社会科全体の柱書としての目標
　２　中学校社会科全体の三つの資質・能力の育成に沿った目標
第２　各分野の目標及び内容（地理的分野，歴史的分野，公民的分野別に記載）

1　各分野の柱書としての目標
2　各分野の三つの資質・能力の育成に沿った目標
3　内容
4　内容の取扱い
第3　指導計画の作成と内容の取扱い
1　指導計画作成上の配慮事項
2　内容の取扱いについての配慮事項
3　教育基本法第14条及び第15条に関する事項の取扱い

第3に，指導計画の作成と内容の取扱いが示されています。ここは，指導計画を作成したり，内容を扱ったりする際の配慮事項が示されています。例えば，小学校社会科との関係性に留意することや，各分野の履修方法（第1学年，第2学年を通じて地理的分野及び歴史的分野を並行して学習させ，第3学年において歴史的分野及び公民的分野を学習させることを原則とする。），時間数（地理的分野115単位時間，歴史的分野135単位時間，公民的分野100単位時間）などが記されています。内容の取扱いでは，課題を追究したりする際に，「関連する新聞，読み物，統計その他の資料に平素から親しみ適切に活用したり，観察や調査などの過程と結果を整理し報告書にまとめ，発表したりするなどの活動を取り入れる。」ことなどが記されています。また，教育基本法第14条や第15条については，主権者の育成にかかわる教育において，政治及び宗教に関する教育への配慮事項などが記されています。

2.2　学習指導要領の内容の読み方

次に，学習指導要領の内容の読み解き方について考えていきます。ここでは，中学校社会科公民的分野の大項目C「私たちと政治」の，中項目（1）「人間の尊重と日本国憲法の基本的原則」を例にして考えていきましょう。2017年版『解説』によれば，以下のように記されています。

（1）人間の尊重と日本国憲法の基本的原則

対立と合意，効率と公正，個人の尊重と法の支配，民主主義などに着目して，課題を追究したり解決したりする活動を通して，次の事項を身に付けることができるよう指導する。

ア　次のような知識を身に付けること。

（ア）人間の尊重についての考え方を，基本的人権を中心に深め，法の意義を理解すること。

（イ）民主的な社会生活を営むためには，法に基づく政治が大切であることを理解すること。

（ウ）日本国憲法が基本的人権の尊重，国民主権及び平和主義を基本的原則としていることについて理解すること。

（エ）日本国及び日本国民統合の象徴としての天皇の地位と天皇の国事に関する行為について理解すること。

イ　次のような思考力，判断力，表現力等を身に付けること。

（ア）我が国の政治が日本国憲法に基づいて行われていることの意義について多面的・多角的に考察し，表現すること。

これを，読み解きやすくするために，記号をつけて分類すると以下のようになります（下線部は筆者による）。記号のａ）は，ここでの学習の中心的な内容です。ｂ）は中学校社会科公民的分野で言えば，現代社会の見方・考え方を働かせる際の視点になります。公民に関しては，特に概念的な枠組みが活用されます。これらｂ）に着目して，ｃ）の活動を通した学習を展開します。先述の通り，三つの資質・能力を育成するために「課題を追究したり解決したりする学習」に言及されています。なお，ｃ）の主題・課題の具体として，ｄ）の「我が国の政治が日本国憲法に基づいて行われていることの意義」があります。さらに，学習過程として多面的・多角的に考察し表現するということが示されています。ｅ）はここでの認識内容です。このように，学習指導要領の内容を読み解くことができます。

a）人間の尊重と日本国憲法の基本的原則について，
　b1）対立と合意，
　b2）効率と公正，
　b3）個人の尊重と法の支配，
　b4）民主主義などに着目して，
　　c）課題を追究したり解決したりする活動を通して，
　　　d）我が国の政治が日本国憲法に基づいて行われていることの意義について多面的・多角的に考察し，表現すること。
　　e1）人間の尊重についての考え方を，基本的人権を中心に深め，法の意義を理解すること。
　　e2）民主的な社会生活を営むためには，法に基づく政治が大切であることを理解すること。
　　e3）日本国憲法が基本的人権の尊重，国民主権及び平和主義を基本的原則としていることについて理解すること。
　　e4）日本国及び日本国民統合の象徴としての天皇の地位と天皇の国事に関する行為について理解すること。

このような読み解き方は，他の内容にも適用することができます。本書後半では，この読み解き方を中心とした分類整理と，学習指導案を示します。ただし，実際に授業を計画し，展開する上で気をつけたいことがあります。それは，子どもの実態や地域社会，学校を取り巻く様々な環境に合わせた教育内容と方法を，構想する必要があるということです。そして，その構想は何よりもいかなる問いを創出することができるのかによります。

（注）

1）学習指導要領の構成と読み解き方については，中平ら（2019）を参考にしたが，社会的な見方・考え方の視点を強調するため，記号の使用方法は若干異なる。

（引用・参考文献）

中平一義・茨木智志・志村喬編著（2019）：『初等社会科教育研究』風間書房.

（中平一義）

第3章　中等社会科教育の歴史

―本章の概要―

第3章では，戦後に誕生した社会科が中学校・高等学校においてどのように始まり，どのような経緯で現在に至っているのかを，学習指導要領の変遷を中心に見ていきます。世界と日本の動向を念頭に置いて確認して下さい。

1　中等社会科の誕生

1.1　戦前と戦後の違い

社会科は戦後に誕生した教科ですが，戦前においても地理や歴史の教育，法制及経済や公民科の教育などがありました。これらを社会系教科と呼んでいます。現在から見ても，興味深い授業実践や教科書も存在しました。しかし，教育の戦時体制化が進むと，社会系教科は内容の修正や教科の枠組みの改編を迫られていきました。また，戦前の学校制度は複線型の体系でした。義務教育であった初等教育を終えた後の中等教育では，中学校（男子，4～5年），高等女学校（女子，3～5年），実業学校（男子・女子，2～5年）などの多くの種類の学校がありました。例えば，同じ日本史（国史）でも授業時数も異なり，教科書も男子用と女子用があるのが普通でした。しかも中等教育を受けられた人は限られていました。

戦後の新しい学校制度は6・3・3・4制の単線型の体系となり，中等教育は一本化されました。同時に，男女ともに進学する3年制の中学校までが義務教育となりましたので，全員が性別・家柄・収入などに関係なく，中学校で学ぶことができるようになりました。3年制の高等学校も次第に進学率が高まり，1974年以降9割を超えるようになります。戦後に始まった社会科教育もこのような中で進められてきました。

1.2 中等社会科の始まり（初期社会科）

1945年の敗戦以後に，占領下において戦後改革が始まります。軍国主義や超国家主義の教育が否定され，占領軍の指令「修身，日本歴史及ビ地理停止ニ関スル件」（1945年12月）は社会系教科の改編を迫りました。そして新たな学校制度や教育課程（教科課程）の検討が進められ，新教科として社会科の導入が決められました。社会科は「社会生活についての良識と性格とを養う」ものであり（文部省『学習指導要領一般編（試案）』，1947年），「学問の系統によらず，青少年の現実生活の問題を中心として，青少年の社会経験を広め，また広めようとするもの」と説明されています（文部省『学習指導要領社会科編Ⅰ（試案）』，1947年）。新しい教育課程は，新しい学校制度が発足した1947年度（小中学校）・1948年度（高等学校）から実施されました。小中学校の社会科は準備が４月に間にあわず，1947年９月の２学期から開始されました。

最初の1947年版学習指導要領においては，小学校１年から高等学校１年までの10年間の総合的な内容の社会科があり，中学校２～３年で「日本史」（当初は「国史」）が別に置かれて，高等学校２～３年で４つの選択科目が設置されています（表3-1を参照。以下，同じ）。まもなく，高等学校の「東洋史」・「西洋史」は「日本史」・「世界史」となり，中学校の「日本史」は社会科の中に組み込まれました。総合的な内容の社会科は大単元の形式で「わが国土」，「宗教と社会生活」，「労働関係の諸問題」などの単元別の文部省著作教科書が20種ほど発行されました（後に検定教科書が発行）。ここでは，生徒の主体的な問題意識に基礎を置いた経験主義にもとづいて問題解決学習が目指されました。第１次改訂である1951年版学習指導要領は，1947年版を受け継ぎつつ，内容をより日本の生徒の生活に近づけた形で作成されました。1947年版と1951年版の時期の社会科を特に「初期社会科」と呼んでいます。

2　中等社会科の展開

2.1　経験主義から系統主義へ

東西冷戦の激化や学力不足批判など様々な背景の下で，社会科に対する批判が1950年代に入ると強まりました。民間教育団体による社会科問題協議会の社会科廃止反対の活動もあり社会科は存続しましたが，ここで社会科は経験主義から，学習する内容の学問的な系統を重視する系統主義へと大きく方向が変わることになります。

第２次改訂である1955・1956年版学習指導要領は社会科のみの改訂で「試案」の文字を外して発行されました。中学校では道徳の内容を重視するとともに，３つの分野による社会科（地理的分野，歴史的分野，政治・経済・社会的分野）を示しました。教科書は地理・歴史などを合わせた内容のものと分野別のものが発行されました。高等学校では「一般社会」と「時事問題」を統合して，「社会」（社会科社会と呼ばれた）を新設して必修としました。この「社会」では倫理的な内容が加えられました。

第３次改訂である1958・1960年版学習指導要領はすべての教科を対象としたものでした。また，これまで学習指導要領は文部省（2001年から文部科学省）の一つの著作物でした。しかも将来的に各教育委員会が作成するものとされていました。それを文部省のみが作成するものに改めた上で，告示として官報に公示することで，その性格を変えました。これ以後は，約10年ごとに学習指導要領を改訂する形式となります。中学校では三分野制のみとなり，１年で地理的分野，２年で歴史的分野，３年で政治・経済・社会的分野という“ザブトン型”での履修としました。小中学校で「道徳の時間」が特設されて，これまで社会科が担ってきた道徳的な要素は社会科から外されました。高等学校では「社会」がなくなって，「政治・経済」と「倫理・社会」が設置されて必修となり，「人文地理」が「地理」となりました。「世界史」と「地理」は単位数の異なるＡとＢが置かれ，普通科では５科目すべて履修が基本とされました。

2.2　教育の現代化から教育の人間化へ

1957年のソ連の人工衛星スプートニクの成功に衝撃を受けたことを一つの契機として米国から，学問を中心とした科学主義に基づくカリキュラムを構成するという教育の現代化運動が広まりました。加えて，高度経済成長による社会変化や経済界からの中等教育への要望，教育行政の強化などを背景に，第4次改訂である1969・1970年版学習指導要領が出されました。中学校社会科では目標に公民的資質が明記され，政治・経済・社会的分野も公民的分野と改称されました。また，論争のあった“ザブトン型”に加えて，地理と歴史を並行して学んでから公民を学ぶ“π（パイ）型”も認められました。高等学校では，進学率上昇による多様化を受けて社会科は科目選択の幅を広げたり，内外の情勢の変化に対応した各科目での検討が進められたりしました。

知識偏重と受験競争の激化は学校に様々な問題をもたらし，その反省として教育の人間化が求められました。そのため，第5次改訂である1977・1978年版学習指導要領は「ゆとりと充実」そして価値・感情・態度を重視した新しい学力を掲げました。社会科の目標を公民的資質の育成でもって小中高の一貫をはかり，高等学校で1年次4単位の必修科目「現代社会」を新設して10年間のまとめとしての現代社会の学習そして選択科目への導入としました。関連して「倫理・社会」が「倫理」となりました。中学校社会科では授業時数の削減とπ型の徹底がなされました。

3　中等社会科の転換

第6次改訂である1989年版学習指導要領で社会科は大きく転換しました。小学校1・2年の社会科は理科と統合されて生活科となり，高等学校の社会科は解体（再編）されて地理歴史科と公民科になりました。中学校社会科は，選択「社会」の設置が可能となりましたが，授業時数が削減されました。高等学校では国際化への対応として「世界史」が必修科目となり，「現代社会」は選択科目となりました。高等学校の社会科解体については政治による強引な決定方法に多くの課題を残しました。

第７次改訂である1998・1999年版学習指導要領では，「ゆとり」の中での「生きる力」の育成が主張されました。学校５日制の導入や「総合的な学習の時間」の新設もあり，特に中学校社会科では授業時数が最も削減された時期になります。高等学校では「現代社会」が２単位となっています。

授業時数と内容の削減は学力低下をもたらすと批判が高まり，実施前後の2003年になって文部科学省は急に「確かな学力」を主張して，学習指導要領は最低基準であり，補充的学習や発展学習が可能であると方針を転換しました。第８次改訂である2008・2009年版学習指導要領では基礎・基本の充実による知識基盤社会やグローバル化に対応できる人材育成を主張しました。中学校社会科の公民的分野に，対立と合意，効率と公正の理解を盛り込むなど，全体として思考・判断・表現や社会参画についても重視されています。また，内容の各所に，伝統・文化や宗教などの教育基本法改訂（2006年）の影響が見られます。

4　新しい中等社会科

第９次改訂である2017・2018年版学習指導要領では，何を学ぶかよりも，どのように学び，何ができるようになるかを求めるようになりました。特に高等学校において「地理総合」「歴史総合」「公共」という新たな必修科目が新設されたように大きな変化が見られます。このような新しい中等社会科については本書の各章を参照して下さい。

5　中等社会科の一貫性と授業実践

戦後の中学校・高等学校における中等社会科の歴史は70余年になります。ここで確認したように，社会科の学習指導要領は９次にわたる改訂を経ていますが，社会科教育の歴史は学習指導要領の変遷のみではありません。その間に，社会科教育の理論の検討や授業の実践が相互に影響しあいながら多くの蓄積を重ねてきています。そこで一貫して追究されているのは，社会的な諸事象の教育を通じて，平和と民主主義に基づく社会を構成する一員としての市民の育成はいかにあるべきかです。ごく一部ながら，以下に中等社会科の主な授業実践をあげておきます。先人の取り組みとして参考にしてください。

【中等社会科における主な授業実践（発行順）】

無着成恭『山びこ学校－山形県山元村中学校生徒の生活記録－』青銅社，1951年.
吉田定俊「水害と市政」『カリキュラム』60号，1953年.
中川浩一・寺沢正巳・佐藤仁朗『地理教材のとらえ方』古今書院，1963年.
鈴木亮『世界史学習の方法』岩崎書店，1977年.
白井隆信『世界史の授業書　スパルタクスの反乱』一光社，1982年.
安井俊夫『子どもが動く社会科』地歴社，1982年.
木本力『地理教育の展開』大明堂，1984年.
大津和子『社会科＝１本のバナナから』国土社，1987年.
豊田薫『世界地理の授業：ちからを伸ばす』東京書籍，1987年.
加藤公明『わくわく論争　考える日本史授業』地歴社，1991年.
杉浦正和・和井田清司『生徒が変わる　ディベート術』国土社，1994年.
大谷いづみ「生命倫理を核とした公民科『倫理』の展開」『日本における高校での生命倫理教育』ユウバイオス倫理研究会，2000年.
鳥山孟郎『考える力を伸ばす世界史の授業』青木書店，2003年.

（参考文献）

上田薫編集代表（1974-1977）：『社会科教育史資料』１～４，東京法令出版.
臼井嘉一監修（2013）：『戦後日本の教育実践』三恵社.
梅根悟・海老沢治善・中野光編（1979）：『資料日本教育実践史』１～５，三省堂.
片上宗二（1993）：『日本社会科成立史研究』風間書房.
木村博一（2006）：『日本社会科の成立理論とカリキュラム構造』風間書房.
黒沢英典・和井田清司・若菜俊文・宇田川宏（1998）：『高校初期社会科の研究』学文

社.
教科書研究センター編（1984）:『旧制中等学校教科内容の変遷』ぎょうせい.
谷川彰英監修（1994）:『名著118選でわかる社会科47年史』明治図書.
日本社会科教育学会編（2012）:『新版社会科教育事典』ぎょうせい.
船山謙次（1963）:『社会科論史』東洋館出版社.
宮原兎一（1965）:『社会科教育史論』東洋館出版社.
民教連社会科研究委員会編（1984）:『社会科教育実践の歴史：記録と分析―中学・高校編』あゆみ出版.

（茨木智志）

表 3-1　中学校・高等学校社会科学習指導要領の変遷

(2) などは週当たり時数（単位数）
140などは年間授業時数
各学習指導要領などにより茨木作成

1947（昭和22）年版・1947（昭和22）年版

中学校 1 2 3	高等学校 1 2 3
社　会 (5) (1) 日本史（国史）(2)	（一般）社会(5) 東洋史(5) 西洋史(5) 人文地理(5) 時事問題(5)
1947発行，1947実施	1947発行，1948実施

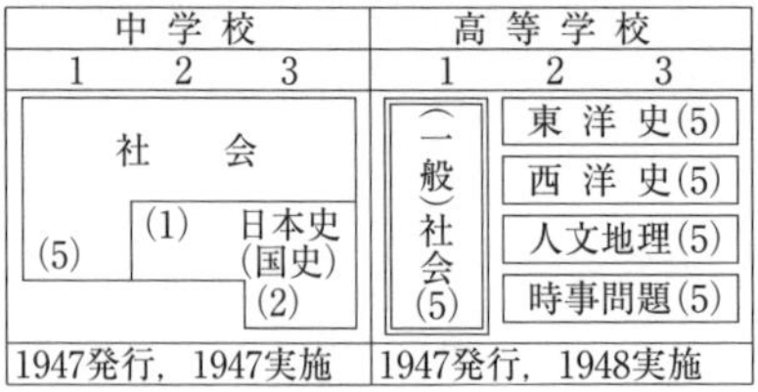

【第 1 次改訂】
1951（昭和26）年版・1951（昭和26）年版

中学校 1 2 3	高等学校 1 2 3
社会（日本史を含む） 140　175 210 280 315	一般社会(5) 日本史(5) 世界史(5) 人文地理(5) 時事問題(5)
1951発行，1951実施	1949実施，1951～1952発行

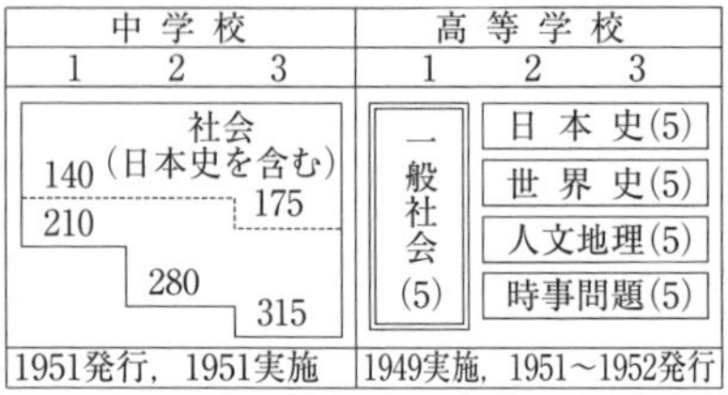

【第 2 次改訂】
1956（昭和31）年版・1955（昭和30）年版

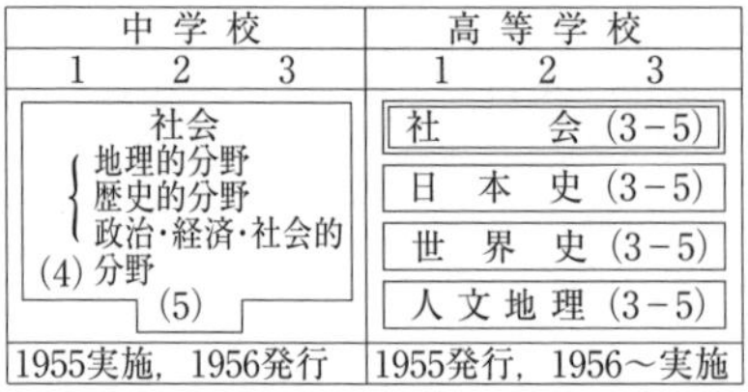

中学校 1 2 3	高等学校 1 2 3
社会 { 地理的分野 歴史的分野 政治・経済・社会的分野 (4)　(5)	社　　会 (3−5) 日本史 (3−5) 世界史 (3−5) 人文地理 (3−5)
1955実施，1956発行	1955発行，1956～実施

【第 3 次改訂】
1958（昭和33）年版・1960（昭和35）年版

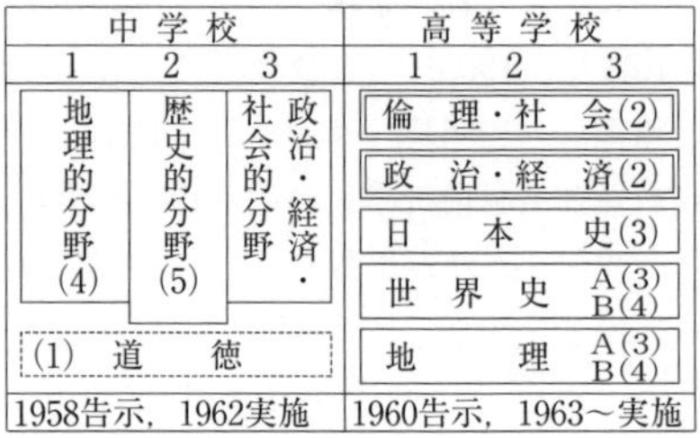

中学校 1 2 3	高等学校 1 2 3
地理的分野(4) 歴史的分野(5) 政治・経済・社会的分野 (1) 道　徳	倫理・社会(2) 政治・経済(2) 日本史(3) 世界史 A(3) B(4) 地理 A(3) B(4)
1958告示，1962実施	1960告示，1963～実施

【第 4 次改訂】
1969（昭和44）年版・1970（昭和45）年版

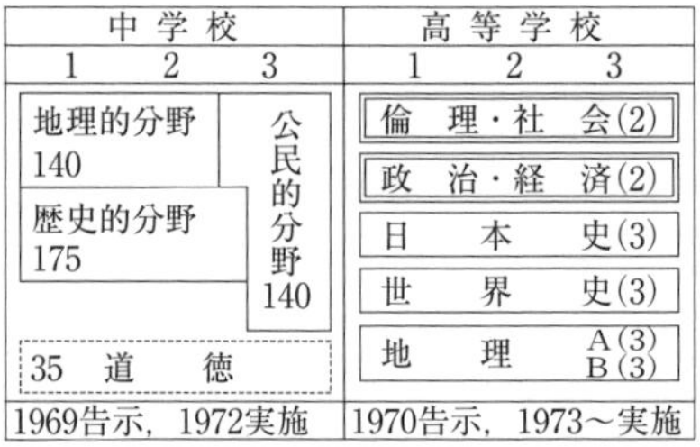

中学校 1 2 3	高等学校 1 2 3
地理的分野 140 歴史的分野 175 公民的分野 140 35 道　徳	倫理・社会(2) 政治・経済(2) 日本史(3) 世界史(3) 地理 A(3) B(3)
1969告示，1972実施	1970告示，1973～実施

【第 5 次改訂】
1977（昭和52）年版・1978（昭和53）年版

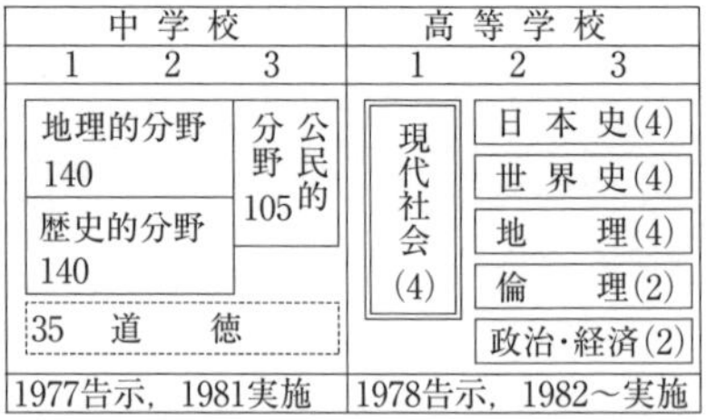

中学校 1 2 3	高等学校 1 2 3
地理的分野 140 歴史的分野 140 公民的分野 105 35 道　徳	現代社会(4) 日本史(4) 世界史(4) 地理(4) 倫理(2) 政治・経済(2)
1977告示，1981実施	1978告示，1982～実施

【第6次改訂】

1989（平成元）年版・1989（平成元）年版

中学校	高等学校
1　2　3	1　2　3
地理的分野 140 歴史的分野 140 公民的分野 70／105 35 道徳	地理歴史：世界史 A(2)B(4)／日本史 A(2)B(4)／地理 A(2)B(4) 公民：現代社会 (4)／倫理 (2)／政治・経済 (2)
1989告示，1993実施	1989告示，1994～実施

【第7次改訂】

1998（平成10）年版・1999（平成11）年版

中学校	高等学校
1　2　3	1　2　3
地理的分野 105 歴史的分野 105 公民的分野 85 35 道徳 総合的な学習の時間 70～100　70～105　70～130	地理歴史：世界史 A(2)B(4)／日本史 A(2)B(4)／地理 A(2)B(4) 公民：現代社会 (2)／倫理 (2)／政治・経済 (2) 総合的な学習の時間 105～210
1998告示，2002実施	1999告示，2003～実施

【第8次改訂】

2008（平成20）年版・2009（平成21）年版

中学校	高等学校
1　2　3	1　2　3
地理的分野 105 歴史的分野 105 公民的分野 140 35 道徳 総合的な学習の時間 50　70	地理歴史：世界史 A(2)B(4)／日本史 A(2)B(4)／地理 A(2)B(4) 公民：現代社会 (2)／倫理 (2)／政治・経済 (2) 総合的な学習の時間 (3)～(6)
2008告示，2012実施	2009告示，2013～実施

【第9次改訂】

2017（平成29）年版・2018（平成30）年版

中学校	高等学校
1　2　3	1　2　3
地理的分野 105 歴史的分野 105 公民的分野 140 35 道徳 総合的な学習の時間 50　70	地理歴史：地理総合 (2)／地理探究 (3)／歴史総合 (2)／日本史探究 (3)／世界史探究 (3) 公民：公共 (2)／倫理 (2)／政治・経済 (2) 総合的な探究の時間 (3)～(6)
2017告示，2021実施	2018告示，2022～実施

第4章　社会科教育とICTの活用について

―本章の概要―

本章では，学校教育における情報活用能力とICTの関係を踏まえたうえで，社会科教育におけるICTの活用事例と，地理教育に特徴的なICTツールであるGISの活用可能性について説明します。

1　情報活用能力とICTの関係

2017・2018年版の総則において，情報活用能力（情報モラルを含む。）が，言語能力と同様に「学習の基盤となる資質・能力」と位置付けられました。すでに2008年版の総則において，各教科の指導に当たり生徒が情報モラルを身につけ，主体的に情報手段を活用できるように学習活動を充実することが述べられていましたが，2017・2018年版において情報活用能力が学習の基盤となる資質・能力と位置付けられたことは大きな変更点といえるでしょう。情報活用能力の育成のため，ICT環境（コンピュータや情報通信ネットワークなどの情報手段を活用するために必要な環境）の整備と，ICTの活用（これらを適切に活用した学習活動）が求められています。ICT（Information and Communication Technology）は日本語の「情報通信技術」を意味します。ITが情報技術そのものを指すのに対して，ICTは「C」のコミュニケーションの部分に重点が置かれています。

文部科学省は教育の情報化を推進するため，2000年度から主にICT環境のハード面に着目した「学校における教育の情報化の実態等に関する調査」を行ってきました。ICTを活用した学校教育の内容面に関しては，同調査のうち，教員の自己評価による「教員のICT活用指導力の状況」があります。これを見ると，校務，教材準備，評価など，教員が授業以外でICTを活用する場面や，情報モラルなどを指導する場面では教員によるICT活用の自己評価が高い一方，授業にICTを活用して指導したり，児童生徒のICT活用を指導したりする場面に対しては教員によるICT活用の自己評価が低くなっています。

2　ICTの活用事例

2.1　社会科教育におけるICTの活用事例

では，社会科教育においてはどのようにICTが活用されているでしょうか。国立情報学研究所による学術情報検索サービス「CiNii」で，タイトル・キーワードに「ICT」と「社会科（社会科教育）」「地理的分野（地理教育）」「歴史的分野（歴史教育）」「公民的分野（公民教育）」「日本史」「世界史」「現代社会」「倫理」「政治・経済」の語を用いた論文を検索すると，10件がヒットしました[1)]。具体的な実践例が示されていないものは含まないため，社会科教育とICT活用に関する先行研究はもっと多いことが予想されますが，ある程度の傾向が読み取れます。論文の掲載年は2007年以降にみられ，教科指導におけるICTの活用が提示された2008・2009年版を踏まえたものであることがわかります。また，10件の論文では，①資料を提示する際に教師が用いる，②意見をまとめる際に生徒が用いる，③意見を発表する際に生徒が用いる，の3場面でICTが活用されています。いずれもこれまでICTを用いなくても行われていたことですが，生徒の興味喚起や情報の整理・発信の効率化といった点で効果を発揮しているようです。とくに，社会科教育では地図，データ，資史料など多くの資料が用いられるため，①の場面において資料を提示したり，拡大表示することのできるICTは，社会科との親和性が高いといえます。②と③は，ICTの強みといえる双方向性という特性を活かすことで，主体的な考察や議論の深まりといったアクティブ・ラーニングに通ずる学習効果が期待できます。

ICTの双方向性という点では，五十嵐（2019）は，社会科教育におけるICTの意義を思考力の育成に見出しています。生徒の思考過程には「思考の始まり」「思考の広がり」「思考の深まり」があるとし，ICTを活用した資料提示は「思考の始まり」を促すこと，双方向性というICTの強みを生かすことで「思考の広がり」「思考の深まり」につながる重要な知識や情報を活用しやすくなることを指摘しています。今後は五十嵐が示したような，ICTの活用と資質・能力との関連を明確化した実践が求められるでしょう。

さらに注目したい研究として松本（2010）があります。松本は，“ICT across the curriculum ICT in history”の学習モデルプランの分析から，イギリスの歴史学習における情報活用能力は，歴史的事象を解釈する過程で情報分析・発信をする活動を通して，情報やメディアの特性，聞き手に応じた情報発信の方法について理解することが目的になっているため，歴史解釈をする中で情報活用能力の育成がなされていると評価しています。そして，歴史上において情報が社会とどのように関係していたかを学ぶことで，現代社会の情報化を考え，どう生きていくかを探るきっかけになる可能性を指摘しています。松本の指摘は，歴史学習ならではの情報活用能力や情報モラルについての学び方を示しているといえます。今後は松本の指摘が示すように，各教科・分野ごとの情報の扱われ方に目を向け，各教科・分野でしか身につけることのできない情報活用能力を養うことが求められるのではないでしょうか。

文部科学省による「教育の情報化の手引き－追補版（令和2年6月）－」の「第4章　教科等の指導におけるICTの活用」や，「各教科等の指導におけるICTの効果的な活用に関する参考資料」（2020年9月公開）を通覧する限り，教科ならではの情報活用能力の育成を担っているのは，社会科教育と高等学校情報科のみのようです。社会科教育が情報活用能力の育成に果たす役割は大きいと考えられます。

2.2　地理教育分野から社会科教育への示唆

社会科教育に特徴的なICTの活用としてGIS（地理情報システム）が挙げられます。地理教育では，2009年版「地理A」「地理B」において「地理情報システム」の語が初めて明記されました。『解説』も含めれば，1999年版地歴『解説』がGISの初出です。すなわち，GISは社会科教育におけるICT活用の先行例といえます。地理教育とGISに関する研究は，全国学会誌では秋本（1996）が初出とされます（國原，2013）。國原が抽出した2010年までの研究論文以降も地理教育とGISに関する研究が蓄積され（阪上，2013，佐藤，2014，碓井，2016ほか）[2)]，書籍も刊行されるなど[3)]，地理教育におけるGIS活用の実践例は多く蓄積されています。

ここで注意しておきたいのは，ICTとGISは根本的に異なる点です。井田（2000）が，「GISは定義的には地理的見方・考え方であり，地理的技能である」とし，資料収集，それらの集計・整理，分析，地図化，解釈・考察といった一連の作業がなされていればGISであると指摘するように，GISの基本的な概念そのものが地理教育と密接にかかわります。ICTが情報手段の活用にとどまるのに対して，GISは地理的な見方・考え方を育成し，学習内容を深めるツール（井田，2017）として位置づけられる点で，ICTとは異なるといえます。

「地理総合」は「地図と地理情報システム（GIS）の活用」，「国際理解と国際協力」，「防災と持続可能な社会の構築」の３つの大項目で構成されており，GISの比重は高いものとなっています。新型コロナウィルス感染症への対策が追い風となり，さらにICT環境の整備が進むことが予想されます。こうしたICT環境を活用した地理院地図，jSTAT MAP，RESAS，Googleマップなどの Web GISも有効なツールとなるでしょう。しかし重要なことは，コンピュータを用いた地図化や地域分析を行うことを主眼とすることではなく，紙地図も用いつつ地理的な見方・考え方を醸成することにあります。その点で，紙地図とコンピュータを併用しつつ，それぞれの相違点を理解した読図や作図能力をはじめとする地図／GIS 活用能力の育成（碓井，2016）が望まれています。

以上のように，GIS は地理教育において特徴的な ICT ツールでありますが，近年では社会科教育全体への波及効果も注目されています。たとえば歴史地理学の分野では，歴史 GIS 研究グループを中心に歴史空間で GIS を援用する研究が蓄積されています。表 4-1 に示したようなシステムのほか，古地図アプリなどのアプリケーションは，歴史教育の分野でも格好の GIS 教材となるでしょう。

また，欧米では地理教育における SCE（Spatial Citizenship Education：空間的な市民性教育）の必要性が指摘されています（阪上ほか，2020）。SCE では，空間，場所，スケール，権力，人間一環境関係といった地理学の視点や方法が重視されるとともに，社会的な意思決定プロセスに参加できる市民の育成

表 4-1　歴史教育にも活用可能な GIS

名称	概要	URL
今昔マップ on the web	谷謙二氏による時系列地形図閲覧サイト。全国41地域の新旧地形図を閲覧。	http://ktgis.net/kjmapw/
歴史地名データ	人間文化研究機構を中心に，歴史地名のジオコーディング（座標の付与）を可能にすることを目的に構築されたもの。	http://www.arcgis.com/home/webmap/viewer.html?webmap=d94c2309e6f74a5b850e648c96d12c5f&extent=135.155,34.8512,136.4994,35.3892
バーチャル京都 3D マップ	立命館大学地理学教室が開設。現在・平安時代・昭和初期の京都の景観を Web 上に再現した 3 次元地図。	http://www.dmuchgis.com/virtual_kyoto/
バーチャル時空間情報システム・時空間情報システム	電気通信大学山本佳世子研究室の卒業生が開発。東京中心部の現代と江戸の町並みを再現したシステム。	http://www.si.is.uec.ac.jp/yamamotohp/
歴史的農業環境閲覧システム	農研機構農業環境変動研究センターによる「迅速測図」閲覧システム。	https://habs.dc.affrc.go.jp/

（橋本作成）

を目指すうえで，そのツールとしてのGISが重視されています。このことは，公民教育との連携においてもGISが寄与することを示唆していると思われます。

GISが地理教育にのみ閉ざされるのではなく，歴史教育や公民教育との接点を探り，応用可能性を検討していくことで，社会科教育全体として情報活用能力の育成につながっていくのではないでしょうか。

3　むすび

本章では，今後のICT活用の方向性として，①各教科・分野ごとの情報の扱われ方に目を向け，各教科・分野でしか身につけることのできない情報活用能力を養っていくこと，② GISに関しては，歴史教育や公民教育との接点を探り，応用可能性を検討していくことで，社会科教育全体として情報活用能力の育成につなげていくこと，の2点を提案しました。今後，日本が社会全体でデジタル化が進行するSociety 5.0を目指していくことを踏まえれば，授業にICTを使うことそのものを目的化するのではなく，学校教育におけるICT活用にはよりいっそうの批判的な態度が求められると思われます。

(注)

1）このほか『中等教育資料』第998号（2019年），『社会科教育』第52巻第3号（2015年），第54巻第1号，第57巻第2号（2020年）にも，特集記事として社会科教育におけるICTの活用例が示されています。

2）雑誌『地理』第58巻第3号（2013年），『新地理』第65巻第2号（2017年）では，地理教育とGISに関する特集も組まれました。

3）『いとちり式　地図の授業にGIS』（伊藤智章，2010年），『GISで楽しい地理授業』（森泰三，2014年），『地理空間情報を活かす授業のためのGIS教材』（地理情報システム学会教育委員会編，2017年）など。

（参考文献）

秋本弘章（1996）：GIS（地理情報システム）と高校地理教育．新地理，44（3），pp. 24-32.

五十嵐辰博（2019）：社会科教育における思考過程とICTの効果的な活用―中学校公民的分野の実践分析を通して―．社会科教育研究，138，pp. 14-26.

井田仁康（2000）：意思決定を担う地理教育の学習構造．新地理，47（3・4），pp. 45-53.

井田仁康（2017）：「地理総合」の方向性とGIS．新地理，65（2），pp. 83-91.

碓井照子（2016）：新科目「地理総合」における地図／GISリテラシー教育の在り方．地図，54（3），pp. 7-24.

國原幸一朗（2013）：意思決定までの学習過程からみた地理教育におけるGISの役割―全米地理教育スタンダードとナショナル・カリキュラム地理を手がかりに―．中等社会科教育研究，31，pp. 101-102.

阪上弘彬（2013）：地理教育におけるGISの動向と展望．広島大学大学院教育学研究科紀要，第2部（62），pp. 71-78.

阪上弘彬・渡邉巧・大坂遊・岡田了祐（2020）：「空間的な市民性教育」の研究動向とその特質―欧米の地理教育・社会科教育を中心に―．人文地理，72，pp. 149-161.

佐藤崇徳（2014）：地理教育におけるGISの意義と活用のあり方．新地理，62（1），pp. 1-16.

松本卓也（2010）：社会科歴史学習における「情報活用能力」の育成―“ICT across the curriculum ICT in history”の学習モデルプランを手がかりとして．探求（愛知教育大学社会科教育学会），21，pp. 32-39.

（橋本暁子）

第5章　学習評価について

―本章の概要―

皆さんが中学生の時にいただいた通知表には，教科ごとに観点別学習状況の評価（A，B，C）と評定（5から1）が書かれていたと思います。本章では，なぜこうした学習評価が行われるのか，どのようにして観点別評価や評定が付されるのか，観点別学習状況の評価を行う際にどのようなことに留意するのか，説明します。

1　学習評価の目的と平成31年度の学習評価の改善

1.1　学習評価の目的

学習評価の目的は，教師の指導の改善を図るとともに，生徒の学習の改善を図ることです。学習評価の方法などについて工夫・改善しようとする際には，この目的に照らして考えることが大切です。

1.2　平成31年度の学習評価の改善

中央教育審議会初等中等教育分科会教育課程部会による「児童生徒の学習評価の在り方について（報告）」では，学校や教師の状況によっては，次のような学習評価の課題があることを指摘しています。

・学習の途中で評価が児童生徒にフィードバックされず，学期末や学年末などの「事後の評価」のみ伝えられることが多かったり，同じ教科でも教師によって評価の方針が異なったりして，評価が児童生徒の具体的な学習改善につながっていない。
・「関心・意欲・態度」の観点について，挙手の回数や毎時間ノートをとっているかなど，性格や行動面の傾向が一時的に表出された場面を捉える評価であるような誤解が払拭しきれていない。
・教師が評価のための記録に労力を割かれ，指導に注力できない。

こうした状況を改善し，上に述べたような学習評価の目的を達成するため，令和2年度以降順次実施されている学習指導要領のもとでの学習評価の在り方について前述の教育課程部会で議論され，「小学校，中学校，高等学校及び特別支援学校における児童生徒の学習評価及び指導要録の改善について（通知）」（以下，「通知」。）が発出されました。

この「通知」では，従来から実施されてきた，各教科等の児童生徒の学習状況を観点別に捉え，各教科等における学習状況を分析的に把握できる観点別学習状況の評価と，各教科等の学習状況を総括的に捉え，教育課程全体における各教科等の学習状況を把握できる評定から学習状況を捉えることなどに加えて，指導と評価の一体化の観点から，観点別学習状況の評価の観点は「知識・技能」，「思考・判断・表現」，「主体的に学習に取り組む態度」の3観点に整理されました。また，学習評価の取組を一層円滑にする取組も示されています。例えば，教師の勤務負担軽減を図りながら学習評価の妥当性や信頼性を高めるため，組織的かつ計画的な取組を行うこと，記録に残す評価は，単元などの学習内容や時間のまとまりごとに適切に位置付け評価の場面を精選することなどです。「通知」で示されたこれらのことについて，以下に詳しく説明します。

2　評価の計画の作成にあたって

2.1　三つの観点とその趣旨

平成29，30年の学習指導要領改訂で，全ての教科等において「目標」や「内容」を資質・能力の三つの柱に基づいて再整理しました。指導と評価の一体化を図る点から，観点別学習評価の観点も整理しました。ここでは中学校社会科の評価の観点及びその趣旨を例示します。なお，中学校社会科各分

表 5-1　中学校社会科の評価の観点及びその趣旨

	知識・技能	思考・判断・表現	主体的に学習に取り組む態度
観点の趣旨	我が国の国土と歴史，現代の政治，経済，国際関係等に関して理解しているとともに，調査や諸資料から様々な情報を効果的に調べまとめている。	社会的事象の意味や意義，特色や相互の関連を多面的・多角的に考察したり，社会に見られる課題の解決に向けて選択・判断したり，思考・判断したことを説明したり，それらを基に議論したりしている。	社会的事象について，国家及び社会の担い手として，よりよい社会の実現を視野に課題を主体的に解決しようとしている。

野及び高等学校地歴科，公民科の観点の趣旨については，「通知」を参照してください。

三つの観点の順序は，学校教育法第30条第２項に示されている資質・能力の順序です。評価の観点の趣旨は，指導と評価の一体化の観点から，学習指導要領の教科の「目標」の文言に基づいています。例えば，学習指導要領に示された中学校社会の「目標」（1）の知識及び技能に関する文言と，表 5-1 の「知識・技能」の趣旨を読み比べると，ほぼ同じことが分かります。「目標」の（2）と「思考・判断・表現」の趣旨も同様です。「主体的に学習に取り組む態度」の趣旨は，「目標」の（3）の一部からつくられています。なぜなら，「目標」の（3）の「学びに向かう力，人間性等」に示された資質・能力には，観点別評価や評定になじまないものも含まれているからです。したがって，観点を「主体的に学習に取り組む態度」とし，観点別評価や評定になじまないものは観点別評価や評定の対象外としたのです。

また，よく誤解されるものに「思考・判断・表現」の「表現」があります。この「表現」は，趣旨に書かれているとおり，思考，判断した結果や過程を表現したものです。図を作成することなどは，基本的に「技能」になります。

なお，「知識・技能」，「思考・判断・表現」，「主体的に学習に取り組む態度」の三つの観点の資質・能力は，密接な関係があることが指摘されています。三つの観点の評価が「Ａ・Ｃ・Ｃ」など，観点により評価が大きく異なる場合は，評価規準を見直すなど評価の妥当性について再度吟味する必要があると言えるでしょう。

2.2　単元など内容のまとまりを見通した評価計画の作成

学習評価の目的を達成するため，また学習評価の妥当性，信頼性を高めるためにも，教師同士で相談するなどして，あらかじめ評価の計画を作成しておくことが大切です。

評価計画は，一般的に次のような手順で作成します。

①単元の目標から単元の評価規準を作成する。

②指導計画とともに評価計画を作成する。評価計画には，学習活動に即した評価規準等，評価の場面，評価方法を位置付ける。

その際，評価の場面については，単元などの内容のまとまりごとにそれぞれの観点の実現状況を把握できる適切な場面で行うよう位置付けます。ですから，観点別学習状況の評価を毎回の授業で記録する必要はありません。

その際，生徒に資質・能力を身に付けられるよう，学習状況を見取り，生徒の成長を認め励ますとともに必要に応じて指導，支援を行う日常の学習改善につなげる評価（「学習改善につなげる評価」）と観点別学習状況の評価や評定のための資料として用いる，記録に残す評価（「評定に用いる評価」）の二つの評価を，単元を見通して適切に位置付けることが大切です。具体的には，表5-2のように，「評定に用いる評価」（○）より前に「学習改善につなげる評価」（●）を位置付けます。これにより，教師は，よい点や改善すべき点を生徒に伝え，生徒は自らの学習について改善する機会を得ることができます。このように「指導して，評価する」ことにより，1.2で述べたような課題の解決につながります。なお，「学習改善につなげる評価」は評価計画に位置付けた場面に限らず適宜実施し，生徒にフィードバックすることが大切です。また，「評定に用いる評価」も生徒の学習改善や教師の指導改善に生かすものであることは言うまでもありません。

表5-2　単元における評価の場面設定の例

観点＼次	導入（1時間）	第一次（4時間）	第二次（6時間）	第三次（4時間）	第四次（6時間）	まとめ（1時間）
知・技		●○	●○	●○	●○	
思・判・表		●	●	●	●	○
主体的態度	●		●			○

○「評定に用いる評価」 ●「学習改善につなげる評価」
※この表は，国立教育政策研究所（2020）：『「指導と評価の一体化」のための学習評価に関する参考資料【中学校社会】』事例5より筆者作成。

次に，単元の評価規準を基に，学習活動に即した評価規準を設定します。さらに，「おおむね満足できる」状況（B）を明確に示すとともに，「努力を要する」状況（C）の生徒に対する指導・支援の手立てを設定しておく必要があります。なぜなら，指導にあたり，教師は，すべての生徒を「おおむね満足できる」状況とすること，すなわち，学習指導要領で示されている資質・能力を身に付けさせるよう指導することが求められているからです。評価計画には，評価規準等とあわせて，評価の場面，方法も明示しておくとよいでしょう。

「おおむね満足できる」状況を明確に示す，と書きましたが，例えば指導した教師でなくても判断できるような分かりやすい記述であることが適切です。このことは学習評価に求められる妥当性，信頼性を高めることにつながります。

2.3　学習活動に即した評価規準の作成

各観点について学習活動に即した評価規準を作成する際，次の点に留意することが大切です。

「知識・技能」については，社会的事象について思考，判断する際に活用できる概念や理論として習得したり，既得の知識や技能と結び付けながら深く理解され，他の学習や生活の場面でも活用できる「生きて働く」知識や技能として習得することが求められています。そこで，評価規準でも具体的，個別的な知識ばかりでなく，そうした知識や技能を設定する必要があります。

「思考・判断・表現」については，社会的な見方・考え方を働かせることが社会科及び地歴科，公民科の本質的な学びにつながることから，学習活動に即して，思考，判断する際に着目すべき視点を評価規準に盛り込むことが大切です。

「主体的に学習に取り組む態度」については，自らの学習を調整しようとしながら粘り強く取り組む状況を評価するのですが，こうした資質・能力を育成し評価する上で，生徒が学習の見通しを立てたり学習したことを振り返ったりする活動を計画的に行うことが効果的です。また，この観点では「自らの学習を調整しようとする」意思的側面を評価することや，中学校社会科の分野，高等学校地歴科，公民科の科目ごとに観点の趣旨が若干異なることにも留意してください。

2.4　学習評価に関する組織的，計画的な取組

学習評価については，生徒や保護者から説明を求められることもあります。観点別学習状況の評価から評定に総括する仕方など評価に関する仕組みを事前に説明するとともに，評価計画や評価結果から，観点別学習状況評価や評定の根拠を説明できるようにしておくことが必要です。そのためには，学校が学習評価について計画的，組織的な取組を推進していくことが大切です。事前に計画を作成しておくことや複数の教員が評価を行うことにより妥当性や信頼性を高めることができます。

国立教育政策研究所が発行している学習評価に関する参考資料は，校種，教科ごとに事例を用いて分かりやすく解説しています。国立教育政策研究所のウェブサイト等で，是非ご覧になってください。

（参考文献）

国立教育政策研究所（2020）：『「指導と評価の一体化」のための学習評価に関する参考資料 【中学校社会】』東洋館出版社.

文部科学省（2019）：「小学校，中学校，高等学校及び特別支援学校における児童生徒の学習評価及び指導要録の改善について（通知）」（30文科初第1845号）https://www.mext.go.jp/b_menu/hakusho/nc/1415169.htm

（小栗英樹）

Column

身近な地域と世界の間に立ち続けて

小林晃彦

1　社会科教師としての見方・考え方を育ててくれた二つのサークル

私は大学（法学部）で刑法や行政法を中心に研究して卒業後，そのまま中学校の社会科教師として採用されたので，地理学や歴史学，社会科教育法は素人同然の新採用教員でした。そんな私を心配された社会科主任の紹介で，新潟県社会科教育研究会（以下「新社研」）にすぐ入会させていただきました。その年の夏，4泊5日の東北巡検への参加がかない，テーマに基づくフィールドワークを初めて経験しました。講師の福井工業大学の林正巳先生や，会長の久保田好郎先生をはじめ，先輩諸氏から手ほどきしていただいて，地域調査の手法や分析方法などを学ぶことができました。さらにその翌1982年の中華人民共和国の巡検，1986年のインド・ネパール巡検にも参加し，異文化理解の意義や世界史的視野に立つ歴史認識をもつことの重要性を実感しました。

さらに，採用から6年後，当時会長をされていた江口武正先生に誘われて，上越教師の会に入会しました。毎月の例会や夏季合宿研修会で実践報告を行い，批評し合いながら協働的に研究を深める活動を通して，単元づくりや社会科が本来的に目指すこと，地域や子どもの生活を巡る問題を基にした課題づくりとその解決に向かう学習活動の在り方を考え続けました。

この二つのサークル活動から，私は社会科教師として必要な見方・考え方，教材開発やカリキュラムデザインの在り方の多くを得たと実感しています。ただ，その多くは学生時代に目的をもって，もっと身に付けておくべきだったと省みてもいます。

2　教師の探究から子どもによる探究へ

新採用の越路町立越路中時代，町の教育委員会から小学校社会科副読本の編集委員を委嘱され，2年間携わりました。私は越路町周辺の市町村を担当し，取材活動を進めるうちに驚きと発見を重ねて好奇心が高まり，得たことを日々の授業に生かすことで生徒の興味・関心が高まることを目の当たりにして，「こういう地域調査は，生徒が行ったら力が付くだろう」と実感しました。

その思いは，2校目の糸魚川市立上早川中で実行に移しました。身近な地域事象を社会科の22単元に位置づけるとともに，理科と合同のフィールドワークを行いました。夏休みには生徒が立てた課題に基づく個別の地域調査を行い，地域誌「郷土上早川を探る」を製本して地域に発表しました。生徒の地域への関心や理解が深まるとともに，郷土の将来を考える契機になりました。

この経験は，３校目の上越市立春日中学校でも生きました。それは，前校長の村山和夫先生（当時新社研会長）の企画を基に行った郷土誌「生徒がつづるふるさと春日」の活動です。600名近い全校生徒が全職員に支えられ，地域の自然，歴史，暮らし，文化などを手分けし，足を運んでの調査活動を繰り返して作成した全236頁の大作（図５-１）が完成しました。当時の生徒会長のＮさんは，やがて小学校の教師となり，数々の創造的実践を積み重ね，現在は教頭になっています。彼は当時を振り返り，「今思えば奇跡のような活動で，そこから，ふるさとのよさを理解し，調べたり考えたり表現したりする力が身に付き，自信を得た」と語っていました。

図５-１　「生徒がつづる『ふるさと春日』」1987年

その後，自分の探究も，生徒の課題解決への営みも，ローカルとグローバルを往来し，教科としての社会科の枠を超えることも出てきて，校長を務めた新潟県中越地震後の長岡市立山古志中でも，最終勤務校の上越市立城北中でも，職員とグローバルな視点に立った地域創生型の総合学習に力を入れてきました。総合学習でありながら，昭和20年代の初期社会科や，二つのサークル活動から学んだことと，つながりがあるものと感じています。

社会科教師としての最終授業は2019年２月，「スイスに学ぶ脱限界集落」と題し，総合学習を生かした社会科地理的分野の課題解決学習として行いました。やはり，二つのサークル活動から学んだことが色濃く反映されていました。

第Ⅱ部：中学校社会科の実践編

第６章　地理的分野の学習

―本章の概要―

本章では，中学校社会科地理的分野について説明します。最初に，学習指導要領に記された地理的分野の目標と内容について解説します。続いて，具体的な授業づくりについて二つの例を示します。

1　地理的分野の学習指導要領の内容・ポイント

1.1　地理的分野の目標構成

地理的分野の目標は，社会科の目標に対応して分野目標として示された柱書と，三つの資質・能力の柱に沿った目標から成り立っています。柱書として示された2017年版の目標は次です。

> 社会的事象の地理的な見方・考え方を働かせ，課題を追究したり解決したりする活動を通して，広い視野に立ち，グローバル化する国際社会に主体的に生きる平和で民主的な国家及び社会の形成者に必要な公民としての資質・能力の基礎を次のとおり育成することを目指す。

第１章で学習した社会科の目標と比べてみると大部分は中学校社会科の目標と同じです。地理・歴史・公民の３分野が協働して社会科教育の目標を達成することからすれば当然です。異なるのは冒頭の「社会的事象の地理的な見方・考え方」で，これが地理的分野固有の目標を示していますから，地理としての授業はこの文言が意図することを常に踏まえなくてはなりません。

この地理的分野で働かせる「社会的事象の地理的な見方・考え方」について2017年版『解説』は，「社会的事象を，位置や空間的な広がりに着目して捉え，地域の環境条件や地域間の結び付きなどの地域という枠組みの中で，人間の営みと関連付けること」と記し，考察，構想する際の視点や方法（考え方）として整理しています。かなり抽象的ですが，資質・能力に沿って記された次の三つの目標から具体が分かってきます。

（1）我が国の国土及び世界の諸地域に関して，地域の諸事情や地域的特色を理解するとともに，調査や諸資料から地理に関する様々な情報を効果的に調べまとめる技能を身に付けるようにする。
（2）地理に関わる事象の意味や意義，特色や相互の関連を，位置や分布，場所，人間と自然環境の相互依存関係，空間的相互依存作用，地域などに着目して，多面的・多角的に考察したり，地理的な課題の解決に向けて公正に選択・判断したりする力，思考・判断したことを説明したり，それらを基に議論したりする力を養う。
（3）日本や世界の地域に関わる諸事象について，よりよい社会の実現を視野にそこで見られる課題を主体的に追究，解決しようとする態度を養うとともに，多面的・多角的な考察や深い理解を通して涵養される我が国の国土に対する愛情，世界の諸地域の多様な生活文化を尊重しようとすることの大切さについての自覚などを深める。

目標（1）は，知識及び技能に関わる目標です。最初の部分は学習対象を示し，中学校地理学習では，日本と世界にある様々な地域（諸地域）について学ぶことが分かります。なお，ここでの「国土」とは，山・川・平野といった自然の土地だけではなく，そこに住んで生活している人々と社会の実態，さらには人間の自然・土地への対応（例えば，開発や保護）をも含んだ意味であると『解説』で記されていることに注意する必要があります。

続く部分には，理解すべき知識が地域の諸事情・地域的特色であることが記されています。ただし，名詞としての理解ではなく，「理解する」という動詞での表現であり，理解する過程を重視した知識観であることを忘れてはいけません。すなわち，多面的・多角的な考察や，公正な選択・判断という学習過程を通して理解した知識が求められているのです。

最後の部分は技能についてです。地理的分野では過去の学習指導要領で地理的技能が明記され重視されてきましたが，今次改定では資質・能力に沿って次の三つの地理的技能に大別され，「内容の取扱い」・巻末（pp. 78-81, pp. 186-187）で次のように解説されています。一つめは，情報を収集する技能で，地理ならではの野外調査活動を通した現地での直接観察・聞き取り調査をはじめ，地図・統計・写真等やデジタル化された諸資料から必要な情報を集める技能です。この技能には，情報の出典や背景など情報の特性や正しさに留意することも含まれます。二つめは，情報を読み取る技能です。地理の場合は特に，地図の図法や統計の単位に留意しながら地図上での位置や分布，地域の統計数値の変化などから全体の傾向を読み取ったり，地図・統計から学習目的に応じた情報を読み取ったりすることです。さらには個々の地図・統計から読み取った情報を比較・関連付けて読み取ることも含みます。三つめは，情報をまとめる技能で，野外調査や地図・統計等で収集・読み取った情報を学習目的に応じてまとめる技能です。地理の場合は特に，統計や文書等の数値・文字情報を適切に地図化・グラフ化してまとめること，逆に地図・グラフといった図的情報を適切に文章にまとめることが中核になります。

なお，「内容の取扱い」では「教科用図書「地図」を十分に活用すること」と明記されています。これは地図帳（「教科用図書「地図」と表記されているように教科書です）が，一般図・主題図・統計・写真など様々な媒体で多くの地理情報を掲載しており，地理的技能育成の基礎教材になっているからです。また，情報通信ネットワーク社会の今日，スマートフォンやカーナビゲーションなど日常生活でも多用されている地理情報システム（GIS）の理解・活用も求められています。

目標（2）は，思考力，判断力，表現力等に関わる目標です。ここでの思考力，判断力とは，地理に関わる事象を見出して多面的・多角的に考察する力，地理的課題に対して公正に選択・判断する力を意味しています。その際に要となるのは，文中の「位置や分布，場所，人間と自然環境の相互依存関係，空間的相互依存作用，地域」です。これらは，地理的に考察する際の視点とされ，これまでの学習指導要領でも「地理的な見方・考え方」として地理学習では極めて重視されてきたもので，具体的内容は表 6-1 のように整理できます。なお，これは地理的分野固有の視点ですから，社会科としての地理授業づくりでは，他分野の視点（例えば，時間や公正）をも意識することが大切です。

表 6-1　地理的な見方・考え方

	視点	内容	「問い」の例（深い学びへ発展する問い）
多面的・多角的な考察	位置や分布	事象の地表面上での絶対的・相対的位置や分布パターン	それはどこにある？，どのように分布している？（なぜそこにある？，なぜそのような分布傾向なのか？）
	場所	その場所に見られる様子・特色，地方的特殊性（その場所だけで見られる特色）と一般的共通性（他の場所にも見られる様子）	それはどのような場所か？，他の場所と比較して，その場所でしか見られないことか？，他の場所にも見られることか？，どの程度のスケール規模で比較しているか？（市町村規模か，都道府県規模か？）
	人間と自然との相互依存関係	場所・地域における人間生活・社会の様子と，自然環境（気候・地形等）との関係	その場所の人間生活・社会活動に影響している自然環境は？（なぜ，そのような影響を受けているのか？），その場所の自然環境へ人間生活・社会活動はどのような影響を与えているか？（どのように自然環境に働きかけたらよいか？）
	空間的相互依存作用	場所・地域が，それ以外の場所ともっている関係（人・資源・商品・金融・情報などの移動）	それはどこから来た？（なぜ，そこから来たのか？）
	地域	地表面上での地理的まとまり・特徴（地域性）をもった空間的範囲	地理的なまとまり・特徴を持った空間的範囲は？（どのような方法で範囲は設定されるか？），空間的範囲の特徴は？（なぜ，そのような地域性があるのか？），その地域の課題は？（どのような地域が望ましいか？）

（2017年版『解説』を参考に志村作成）

目標（3）は，学びに向かう力，人間性等に関わる目標です。前半部分（「…態度を養うとともに」）は日本や世界の諸事象を学習する際に，よりよい社会の実現を視野にいれた課題と学習方法を適切に設定し，主体的な学習を促す必要性を述べています。例えば，学校周辺で簡単な景観観察を行うことから，身近な地域や日本共通にある課題を生徒が見出し，追究していく体験的・作業的な学習が想定されます。また，後半部分では，グローバル化をふまえた国際理解が求められています。

1.2　地理的分野の内容構成

上記の目標を達成するために，地理的分野の内容は，A～Cの大項目と，それぞれの中項目から成り立っています（表6-2）。

大項目Aは，世界と日本の地域構成を大観する学習で，この先の学習で地理的認識を深めるための基礎（座標軸）となります。具体的には緯度・経度，大陸と海洋の分布，主な国々（世界の国の1/4～1/3程度）の名称と位置，日本の位置・領域，都道府県の名称と位置などです。ここでは，小学校での習得内容をふまえつつ，「内容の取扱い」に記されているように地球儀や地図（帳）を積極的に活用して，生徒の関心を高めた作業的な学習が望まれます。とりわけ，位置（その国・県がどこにあるか）を身に付けるには，地図の利用が必須です。

大項目Bは，世界の地理的認識を養うことをねらいとし，中項目（1）は世界全体を生活や自然環境の視点から学びます。認識内容は，ある場所の衣食住などの生活文化や宗教の様子や変化，それらと自然環境との関係などですが，生活の様子を表した写真や各種の主題図・グラフ等を読み取る地理的技能を使った考察を通して理解・認識していく学習過程が大切です。

中項目（2）は，世界の6つの州（大陸もしくはそれに準ずる地域）毎の地誌学習です。学習指導要領の読み方に即して，この単元の学習方法・内容を読みとると次のようになります（a～eは第2章で付した記号）。ここでは，d）

表 6–2　地理的分野の内容構成と対応する主な視点・概念

大項目	中項目以下	主な視点・概念
A　世界と日本の地域構成	（1）地域構成 ①世界の地域構成，②日本の地域構成	位置や分布
B　世界の様々な地域	（1）世界各地の人々の生活と環境	場所，人間と自然環境との相互依存関係
	（2）世界の諸地域 ①アジア　②ヨーロッパ　③アフリカ ④北アメリカ　⑤南アメリカ　⑥オセアニア	空間的相互依存作用，地域
C　日本の様々な地域	（1）地域調査の手法	場所
	（2）日本の地域的特色と地域区分 ①　自然環境　②人口 ③　資源・エネルギーと産業 ④　交通・通信	分布，地域
	（3）日本の諸地域 ①自然環境を中核とした考察の仕方 ②人口や都市・村落を中核とした考察の仕方 ③産業を中核とした考察の仕方 ④交通や通信を中核とした考察の仕方 ⑤その他の事象を中核とした考察の仕方	空間的相互依存作用，地域
	（4）地域の在り方	持続可能性

（2017年版『解説』を参考に志村作成）

の部分で，c）の主題・課題の具体として「地域で見られる地球的課題の要因や影響」が，b）の視点の具体として「地域の広がり」・「地域内の結び付き」が記され，さらに学習過程として，それらを地域特色と関連付けて多面的・多角的に考察し表現するということが示されています。なお，認識内容である理解（e）は 2 つ記されていますが，e1）の「地域的特色の影響」の理解は，e2）にある「各州の地域的特色」の理解が必要であることを忘れてはなりません。

a）世界の諸地域：①から⑥までの各州をとりあげ，
b）空間的相互依存作用や地域などに着目して，
c）主題を設けて課題を追究したり解決したりする活動を通して，
d）①から⑥までの世界の各州において，地域で見られる地球的課題の要因や影響を，州という地域の広がりや地域内の結び付きなどに着目して，それらの地域的特色と関連付けて多面的・多角的に考察し，表現することを通して，
e1）世界各地で顕在化している地球的課題は，それが見られる地域の地域的特色の影響を受けて，現れ方が異なることを理解すること。
e2）①から⑥までの世界の各州に暮らす人々の生活を基に，各州の地域的特色を大観し理解すること。

大項目Cは，日本の地理的認識を養いますが，世界に比べ深い認識や技能，思考力などを求めています。中項目（1）は，学校周辺を対象に，学校実態にあわせたカリキュラム・マネジメントを働かせ，防災等の課題を設定した地域調査（野外調査）を実施し地理的技能を習得します。中項目（2）は，日本全体を①から④の項目で考察したり，地域区分したりすることを通し日本の地域的特色を理解します。中項目（3）は，地域区分された日本の各地域について，①から⑤を中核とした多面的・多角的な考察をすすめ，諸地域の地域的特色・課題を理解します。このような段階を経た最後が，新設の中項目（4）「地域の在り方」です。ここでは，地域の実態を調査し課題を把握することに加え，持続可能性などの概念（観点）から将来の地域の在り方を構想し，表現することになります。これは，地理的分野の学習の総まとめであるとともに，公民的分野へ発展する内容であり，社会科全体の視点から授業づくりが望まれます。

では，実際の授業づくりはどのようなものでしょうか。以下では，2つの事例を紹介します。

（志村　喬）

2　地理的分野の実践1 －日本の諸地域「九州地方」と考察の仕方－

2.1　日本の諸地域

ここでは，日本の諸地域学習の九州地方の単元での授業構想・実践例を解説します。考察の仕方は，「⑤その他の事象を中核とした考察の仕方」として，「環境問題や環境保全を中核にした考察の仕方」で具体的な授業を考えていきます。この単元では九州地方の自然条件や社会条件を十分に踏まえ，環境について多面的・多角的に考察することにより，九州地方をより深く理解することをねらいとしました。その際に重視したことは，単元の授業全体を通して生徒が主体的に学び続けられる課題を立てるということです。そこで，環境問題や環境保全を中核とした考察を生徒が進めることができる課題として，太陽光発電を課題の中心として取り上げ単元を構成することとしました。これにより，環境問題そのものを学習するということだけではなく，環境問題を通して九州地方を見たり考えたりすることにより，この地域をより一層深く理解する学習を目指していくことを意図しました。また，太陽光発電を通して九州地方の学習を進めていく延長上に，地球温暖化やSDGsなどの今日的な課題について発展的に考察を深め，環境問題や環境保全を中核とした考察が進められる様になることも意図しました。言わば，太陽光発電を用いて九州地方を見つめ，今日的な問題と関わる力を育成することを目指したのです。

2.2　授業づくりの要点

2.2.1 「社会を見つめる力」・「社会と関わる力」と本授業

学習指導要領では，よりよい社会と幸福な人生を自ら切り拓くための資質・能力の育成を目指しています。栃木県中学校教育研究会社会部会（2018）では，「社会を見つめ，社会に関わる力」を身に付けさせることが，その様な人間の育成につながるとしています。志村（2011）は，持続可能な観点からよりよい社会形成へ参画する力を社会形成力と呼び，その育成の重要性を述べています。本実践では，これらの考え方を基とし，二つの力を身に付けることを目指して単元の学習を構成しました。その力の一つ目は，今日的な課題やそれを取り巻く様々な社会的事象について分析的に調べ，知識・技能をよりいっそう定着させていく力です。これを「社会を見つめる力」とします。二つ目は，自分事として捉えた課題について強い問題意識を抱き，どの様にすればその課題を解決できるのかについて積極的に考察を進め，課題解決を実現するための方策を考える力です。これを「社会と関わる力」とします。なお，ここでの「関わる」とは，本当の意味で即座に生徒が社会に直接的に関わることではありません。現在は社会に関わることができなかったとしても，ここで養った資質・能力が５年後，10年後に本当の意味で社会と関わることになれば，その原動力も含めての「社会と関わる力」であると捉えています。この様に，社会を見つめ社会と関わる力を育成する授業を構成することにより，子供たちの資質・能力をより一層深めることが可能になると言えます。

この単元では，九州地方の自然条件や社会条件を踏まえ，太陽光発電について多面的・多角的に考察することにより，九州地方を見つめることと位置付けました。例えば，日照時間が長いことや比較的晴天が多いことなどの九州地方の気候的特色を用いて考えることなどがそれにあたります。また，水俣市や北九州市の学習を進めることで，持続可能な開発を通した九州地方の現状を学ぶことも，九州地方を見つめることにつながると言えます。

また，太陽光発電などについて考えを進めるうちに，地球温暖化などの今日的な課題について発展的に考察を深めることで，社会と関わる力を育成する学習を意図しました。私たちの自身の生活を振り返るとともに，今後どの様に私たちが生活し，行動していくべきかを考えることによって，社会と関わる力を育成する学習になることをねらいとしました。

2.2.2　本授業での「単元を貫く課題」の設定

社会科の授業が，単なる暗記や知識の詰め込みにならない為には，生徒が自主的に学びに向かっていくことが望ましいです。その為には，どの様に課題を設定し，その課題を深めるためにどの様な発問や疑問を提示できるかは非常に重要です。ここで言う課題とは 1 時間単位の授業で取り組む課題を指すだけではなく，単元を通して取り組み続けられる様な課題も指しています。この様な課題を「単元を貫く課題」と呼んでいます。

社会科の授業を構成する際に配慮していることは，取り扱う題材が生徒の身近なものに結びつけられる様にすることです。生徒の身近な話題であり，それをもとにして問題意識を掻き立てる様な課題を設定できた場合，生徒はこの課題に対して主体的に取り組むことになるからです。場合によっては授業が終わってからも，自らの好奇心によってその課題を個人的に追究し続けることもあります。この様な学びの状態は，十分に「学びに向かう人間性」として大いに評価できると言えます。

そのためにはどの様に課題を設定すればよいのでしょうか。他人事の様に，ただ覚えるだけで終わってしまう様な授業ではその様な主体的な学びにはなりません。自分の身に降りかかっている問題の様に，意識を高めて進んで解決に取り組んでいきたくなる様な，自分事としての課題が設定できるかどうかが肝要でしょう。また，課題は生徒の関心・実態を踏まえる必要があるため，単元計画の最初の段階で確定できない場合や，授業の実際の様子で修正・変更することが適切な場合があります。実は，本単元を実践する中で，太陽光発電を単元を貫く課題として最終確定するきっかけになったのは，単元の 1 時間目に九州地方の地形や気候などの自然的条件の学習を進めていた時です。授業で頻繁に使用していた衛星写真から，数多くの太陽光パネルが様々な場所に設置されていたことに生徒も授業者である私も改めて気づきました。これについて，生徒からは「なぜここに太陽光パネルが設置されたのだろうか？」「どれだけの太陽光パネルが設置されているのだろうか？」など，様々な疑問が湧いてきました。調べを進めていくうちに，日本が全体的に太陽光パネルの設置面積が増えていることや，九州地方には日本でも有数のメガソーラーがいくつか設置され，現在でも計画されていることがわかり，生徒共々非常に興味が高まってきたのです。生徒の自宅の屋根にも太陽光パネルを設置していたり，本校の屋上にも太陽光パネルが設置されていたりすることもあり，非常に身近な自分事として捉えられる話題でもあったのです。そこで，「なぜ，九州地方では太陽光発電が増加しているのだろうか」を，単元を貫く課題として設定し，それぞれの授業を計画しました（単元計画参照）。また，単元の最終時である7時間目には，1時間目から6時間目までで学んだ内容を基に，九州地方で太陽光発電が増加していることを追究し，単元を総括することができる学習を位置づけました。

2.3　単元計画等

・単元の目標

地域の環境問題や環境保全の取り組みを中核とし，それらを産業や地域開発の動向，人々の生活などと関連付け，持続可能な社会の構築のための地域における環境保全の取り組みなどについて考察する活動を通して，次の事項を身に付けることができるようにする。

・九州地方について，環境問題や環境保全を中核とした考察の仕方を基にし，その地域的特色を理解する。
・九州地方の地域的特色に関するさまざまな資料から，有用な情報を適切に選択し，読み取ったり図表などにまとめたりする。
・九州地方の地域的特色を，環境問題や環境保全を中核とした考察の仕方を基に多面的・多角的に考察し，その過程や結果を適切に表現する。
・九州地方の地域的特色に対する関心を高め，それらを主体的に追究しようとする態度を養う。

・単元の評価規準

知識・技能	思考・判断・表現	主体的に学習に取り組む態度
・九州地方について，自然的環境や人口，産業などの特色を大まかにとらえ，九州地方の地域的特色に関する各種の地図や統計，写真などの資料を収集し，有用な情報を適切に選択して，それを基に読み取ったり図表などにまとめたりしている。	・九州地方の工業や農業の立地や分布が，どこに，どの様に広がっているのかについてその理由を根拠に考察し，表現している。 ・九州地方の地域的特色を，環境問題や環境保全を中核とした考察を基に多面的・多角的に考え，その過程や結果を適切に表現している。	・九州地方の自然的環境，人口，産業などの特色について概観し，特に環境問題や環境保全に関心を持ち，地域的特色を意欲的に追究しようとしている。

・単元計画

時	・各自時間の項目　　■生徒の学習活動
1	・九州地方の自然環境 ■地図や写真から火山の分布を知り，その災害と恵みについてまとめる。 ■雨温図を読み取り，自然的環境の特色について，自分の言葉でまとめる。
2	・九州地方の人口や産業の特色 ■地図や分布図から人口分布や産業の特徴を読み取り，まとめる。 ■九州地方の工業の変化について調べる。
3	・環境保全の取り組み ■豪雨による土砂くずれと水害に対する取組について，自然的環境の特色と関連付けて考察する。 ■さんごしょうを守る取組について，開発の動向と関連付けて考察する。
4	・環境問題に対してどのように向き合ってきたのか ■水俣市や福岡市を例に，工業化や都市化により，深刻な公害や都市環境問題が発生したことを調べる。 ■資料から環境モデル都市や環境対策について意欲的に追究し，発表する。
5	環境問題に対しての取り組み ■北九州市の写真資料から，環境の変化を読み取る。 ■エコタウンを例に，持続可能な社会をつくる取組についてまとめる。

6	・九州地方の学習をふりかえろう ■教科書やこれまで用いたワークシートの内容を活用し，内容を整理する。 ■九州地方の地域的特色を図や表にまとめ，意見交換する。
7 本時	・なぜ，九州地方は太陽光発電所が増加しているのだろうか ■太陽光発電所が多い理由について，様々な資料を基に考察する。 ■九州地方の特色について，太陽光発電を通して理解を深める。

・本時の評価基準

	A（十分満足できる）	B（おおむね満足できる）	Bに到達させるための支援
思考・判断・表現	・太陽光発電所の位置や分布，日照時間などの場所の特色や，そこで生活する人々にとっての経済的な利点などの見方・考え方を働かせ，地域の特色について多面的・多角的に考察し，根拠を持って適切に表現することができる。	・太陽光発電所の位置や分布，日照時間など，場所の特色の見方・考え方を働かせ，地域の特色について多面的・多角的に考察し，根拠を持って適切に表現することができる。	・九州地方の特色について，自然環境や人間の営みと関連付けさせ，太陽光発電が盛んになっていることを例にすることで整理して判断できるように支援する。

2.4　本時の展開例

時	■学習活動　・予想される子供の反応	●指導・支援　◇評価
導入 5分	■本時の学習課題「なぜ，九州地方は太陽光発電所が増加しているのだろうか？」を確認する。	●気候的特色による太陽光発電の利点について考えさせる。 ● CO_2 削減の努力目標（COP21）と太陽光発電のメリットについて，理解させる。
展開 ① 15分	■前時に調べた資料を基に「自然」「経済」「政策」という三つの側面から意見交換し，相互に理解を深める。 ・日本の南部にある。日照時間。 ・再生可能エネルギーへの補助金がある。 ・持続可能な開発が行われている。	●自分の班で読み取ったことを，効果的にほかの班の人へ伝達できるよう促す。 ●自分とは異なる視点で見た太陽光発電のメリットにも気づかせる。

展開 ② 20分	■もとの班に戻り，再び学習課題について考えをまとめ直す。 ・自然条件の良さだけではなく，経済的にも恩恵がある。 ・九州地方の人々が環境に対する意識が高いから。	◇太陽光発電所の位置や分布，日照時間など，場所の特色の見方・考え方を働かせ，地域の特色について多面的・多角的に考察し，根拠を持って適切に表現することができる。
終末 10分	■これからの九州地方の発電方法について，発表された意見を基にして考え，思考を深める。 ・グループ協議などを基にして，個人でまとめる。	●九州地方の特性が，太陽光発電に活かされていることに気づかせ，学習のまとめとする。

(参考文献)

志村喬（2011）：持続可能な地域社会形成力を育む中学校地理的分野の学習材開発―地域社会問題「フードデザート問題」への探究―．中山修一・和田文雄・湯浅清治編『持続可能な社会と地理教育実践』古今書院，pp. 98-110.

栃木県中学校教育研究会社会部会編（2018）：『第36回関東ブロック中学校社会科研究大会　栃木大会　要項』栃木県中学校教育研究会社会部会.

(安岡卓行)

3　地理的分野の実践 2 ―防災をテーマとした「地域の在り方」―

3.1　日本の様々な地域―防災から地域の在り方を考える―

2017年版では，総則において「各学校においては，児童や学校，地域の実態及び児童の発達の段階を考慮し，豊かな人生の実現や災害等を乗り越えて次代の社会を形成することに向けた現代的な諸課題に対応して求められる資質・能力を，教科等横断的な視点で育成していくことができるよう，各学校の特色を生かした教育課程の編成を図るものとする。」(総則第 2 の 2（2）) との文章が明記されました。現代的な諸課題の 1 つとして災害があげられていることからも，学校教育における防災教育の重要性が高まっていることがわかります。

地理的分野では，前述のように３つの大項目で構成されており，このうち，Ｃの「日本の様々な地域」について，2017年版『解説』（p. 18）では以下のような説明がされています。

> 大項目「日本の様々な地域」にあっては，それを構成する四つの中項目を通して，我が国の自然災害や防災の実態などを踏まえた学習が可能となるように，適宜，自然災害やそこでの防災の事例が取り上げられるような構成としている。

ここで防災教育の充実がうたわれていることがわかります。日本の様々な地域に含まれる中項目を，2017年版『解説』で意図されている指導順に並べ，防災に関する指導内容をまとめると表6-3のようになります。

表 6-3 「日本の様々な地域」の中項目の指導順と防災に関する指導内容

中項目名	防災に関する指導内容
日本の地域的特色と地域区分	前提となる日本全体としての自然環境，自然災害，防災の取組を概観する。
日本の諸地域	地域レベルでのそれらの具体的な特色を把握する。
地域調査の手法	地域で見られる事象や特色を読みとる，または表現する技能を身に付ける。
地域の在り方	地域的な課題を理解し，解決に向けて考察したことをまとめ，表現する。

（2017年版『解説』をもとに阿部作成）

まず日本全体を事例として災害の概念的な事項をおさえ，日本の諸地域，身近な地域へと，徐々に焦点化して具体的事項を扱うという学習展開が確認できます。そして，最後に配置されている「地域の在り方」では，自分の住む地域の課題をみつけ，その課題解決法を探るという問題発見・解決型の学習となっています。2017年版『解説』の中には，「地域の在り方」は，大項目Ｃに含まれる他の中項目の内容と結び付けて扱うことができるという説明があることから，「地域の在り方」は日本の様々な地域のまとめとして位置付けることができます。防災を軸とすることで，地域の課題を浮き彫りにし，そこから将来の地域の在り方を考える学習展開が期待できます。

3.2 授業づくりの要点

災害は地域的な現象であるので，その地域の置かれている状況によって発生する災害は異なります。したがって，防災教育も地域に合わせて「自校化」することが求められています。防災教育の「自校化」は，地域の在り方を考えるうえで重要な視点です。

本実践では，地域の在り方を日本の諸地域のまとめと位置付けました。地方ごとの特色を概観したうえで，自分たちの住む地域にはどのような特徴や課題があり（「地域調査の手法」），それを解決するためにはどのような方法が考えられるのか（「地域の在り方」）を，防災をテーマに考えます。

ここで，防災教育の学習構造を確認します。筆者が考えるに防災教育は，図6-1のように，防災学習と防災指導に分けられます。防災学習においては，災害発生のしくみ図を参考に，事実認識（素因＝学区はどのような地理的環境にあるか・人びとのどのようなくらしが展開されているか）と，概念認識（一般的な

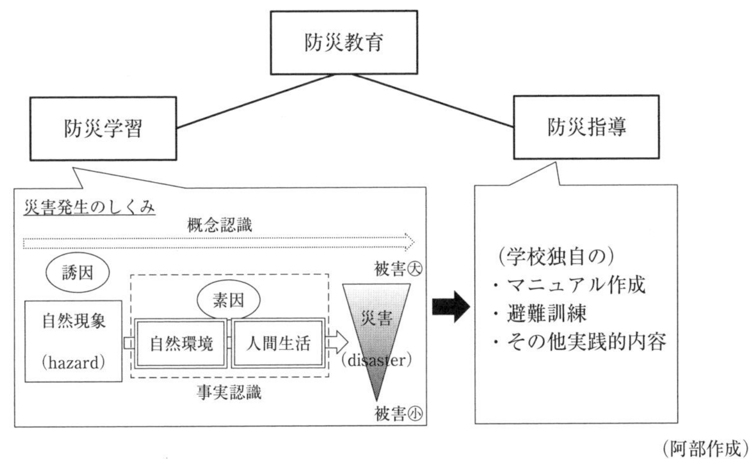

（阿部作成）

図6-1　自校化された防災教育の学習構造

表 6-4 「地域の在り方」で身に付けるべき「知識・技能」,「思考力，判断力，表現力等」

中項目	知識・技能	思考力，判断力，表現力等
地域の在り方	（ア）地域の実態や課題解決のための取組を理解すること。 （イ）地域的な課題の解決に向けて考察，構想したことを適切に説明，議論しまとめる手法について理解すること。	（ア）地域の在り方を，地域の結び付きや地域の変容，持続可能性などに着目し，そこで見られる地理的な課題について多面的・多角的に考察，構想し，表現すること。

（2017年版『解説』をもとに阿部作成）

災害発生のしくみ）の獲得をねらいとします。防災教育の前半を占めるこの防災学習の部分は，地域調査の手法にあたります。

防災学習で得た知識をもとに，防災指導で地域の在り方を考えます。まず，素因の理解から導き出される学区の危険箇所認識と被害予想をさせます。続いて，課題解決学習として，学校の避難訓練を評価させ，その後，学習内容を活かした独自の避難訓練計画の考案につなげていきます。この問題発見・解決学習では，防災学習と防災指導で身に付けた知識を応用し，学区内や学区外での避難行動を考えます。

地域の在り方が防災教育とつながることは確認できました。それでは，防災をテーマとした地域の在り方では，どのような資質・能力が目指されるのでしょうか。まず，2017年版『解説』に示されている，「地域の在り方」で身に付けるべき「知識・技能」,「思考力，判断力，表現力等」を整理します。

これに，図 6-1 の自校化された防災教育の学習構造（防災学習，防災指導）を関連させて考えると，「知識・技能」の部分では，「（ア）地域の実態や課題解決のための取組を理解すること。」が自校化された防災学習にあたります。「地域の在り方」の中での事実認識と概念認識の扱い方については，2017年版『解説』に記載されている次の展開例が参考になります。「全国各地で広く課題となっている現象を取り上げて，それを個々の地域に即して見いだすことが求められる。例えば，二年間の地理的分野の学習を踏まえて，「日本各地ではどのような課題が見られたか」「その課題は，私たちの住む地域では，どのような現象として表れているか」などと問い，地域の課題の一般的共通性と地方的特殊性に気付くことなどが求められる。」（下線部は筆者挿入）との説明です。この説明を自校化された防災学習にあてはめると，前半の下線部が概念認識に該当し，後半の下線部が事実認識に該当します。すなわち，「地域の在り方」では，一般的な災害発生のしくみの理解（概念認識）と学区の素因の理解（事実認識）を結びつけ，学区ではどのような災害が起こる可能性があるかを考えることが，地域の実態や課題解決のための取組を理解することにつながるのです。

一方，防災指導についてみてみると，「思考力，判断力，表現力等」の「（ア）地域の在り方を，地域の結び付きや地域の変容，持続可能性などに着目し，そこで見られる地理的な課題について多面的・多角的に考察，構想し，表現すること。」が，自校化された防災指導にあたります。地理的な課題とは，地域的な現象である災害も含まれます。防災についての課題を見い出し，その解決策を探ることで地域防災の在り方を考えることが，結果的に地域の在り方を考えることにつながるのです。

中学校社会科地理的分野で扱う「地域の在り方」は，地域の課題を解決し，地域の将来を考える内容です。災害が起こるのは学校にいる時とは限りません。地域のどこにいても避難行動がとれるようにするためには，地域の特性を知ったうえで避難訓練に臨む必要があります。そうすることで，学習で得た知識を実践で生かすことができます。それは，地域の課題を避難訓練に反映させ，地域防災のあり方を提案することに展開します。避難訓練自体は教科・領域外で行いますが，このような避難訓練に至る過程やその後の課題解決は教科・領域外で行うことはできません。一方，防災の幅広い内容を扱う社会科の中では可能で，防災学習と防災指導の関連を意識した防災教育が実現されます。

3.3 単元計画等

・単元の目標

防災をテーマとして，以下のことができるようにする。 ・地域の実態や課題解決のための取組を理解できるようにする。 ・地域的な課題の解決に向けて考察，構想したことを適切に説明，議論しまとめる手法について理解できるようにする。 ・地域の在り方を，地域の結び付きや地域の変容，持続可能性などに着目し，そこで見られる地理的な課題について多面的・多角的に考察，構想し，表現することができるようにする。

・単元の評価規準

知識・技能	思考・判断・表現	主体的に学習に取り組む態度
・防災の視点から，地域の実態や課題解決のための取組を理解している。 ・地域的な課題の解決に向けて考察，構想したことを適切に説明，議論しまとめる手法について理解している。	・地域の在り方を，地域の結び付きや地域の変容，持続可能性などに着目し，そこで見られる防災の地理的な課題について多面的・多角的に考察，構想し，表現している。	・防災学習の内容を活用し，適切な避難行動を考えようとしている。

・単元計画

時	・各時間の項目　■生徒の学習活動
1	・学区の素因の把握 ■ DIG（災害図上訓練）で地域の特色をとらえる方法を身に付ける。 ■学区の地理的環境を確認する。
2	・災害発生のしくみの理解と減災 ■災害が発生するメカニズムを理解する。 ■減災の方法について考える。
3	・学区の災害について考える ■大雨が降ったときを事例に学区の被害予想をする。

4 本 時	・避難訓練の検討 ■災害発生のしくみをもとに避難訓練の課題を考える。 ■課題を解決できる避難訓練の計画を立てる。
5	・学区や学区外での避難行動 ■前時までの学習をふまえ，災害時に行動できる実践力を身に付ける。

・本時の評価基準

	A（十分満足できる）	B（おおむね満足できる）	Bに到達させるための支援
思考・判断・表現	・地域の素因の特徴を災害発生のしくみに組み込み，そこから避難訓練の課題を考え，その解決策を考案できる。	・地域の素因の特徴を災害発生のしくみに組み込み，そこから避難訓練の課題を考えることができる。	・地域の素因を整理させ，どこに課題があるのか，それを解決するにはどのような方法があるのかを考えられるよう支援する。

3.4　本時の展開例

時	■学習活動　・予想される子どもの反応	●指導・支援　◇評価
導入 5 分	■学校で行われている避難訓練の流れを再確認する。	●想定されている条件を確認させる。
展開 ① 15分	■自分の避難経路を地図上で確認し，避難訓練の課題を考える。 ・学区のリスクには対応していない。 ・避難所の場所は適切なのか。	●前時までに作成した地図を用い，危険箇所を通過していないか確認させる。
展開 ② 25分	■避難訓練の課題の解決策を考え，課題を解決できる避難訓練の計画を立案する。 ・避難訓練の条件を変える ・避難経路を変える ・避難できない人についても考える ■班ごとに発表する。 ・自分たちの班とは違う解決策がある。	●まず個人で考えさせ，次に班ごとに計画をまとめさせる。 ◇地域の素因の特徴を災害発生のしくみに組み込み，そこから避難訓練の課題を考え，その解決策を考案できる。
終末 5 分	■避難訓練計画を立ててみての感想を記入させる。	●他者の意見も参考に，気づきをまとめる。

（参考文献）

阿部信也（2019）：中学校社会科地理的分野を中核にした自校化された防災教育カリキュラムの開発研究－新潟県三条市における授業実践を通して－．上越教育大学修士論文．

志村喬・阿部信也（2020）：中学校社会科地理的分野を中核とした自校化された防災教育単元の開発と実践－新潟県三条市での開発・授業実践－．村山良之編『東日本大震災の経験と地域の条件をふまえた学校防災教育モデルの創造（2016-2019年度科研費 B16H03789成果報告）』，7p.
http://eserver.e.yamagata-u.ac.jp/~murayama/kaken1619/Shimura.pdf（2020年12月）

（阿部信也）

第7章　歴史的分野の学習

―本章の概要―

本章では，中学校社会科歴史的分野について説明します。まず，学習指導要領に示された歴史的分野の内容・ポイントを中心に解説をします。次に，具体的な授業について二つの例を提示します。

1　歴史的分野の学習指導要領の内容・ポイント

1.1　歴史的分野の目標構成

歴史的分野の目標も，柱書として示された目標と三つの資質・能力の柱に沿った目標とで示されています。まずは柱書から見ていきます。

> 【歴史的分野の目標の柱書】
> 社会的事象の歴史的な見方・考え方を働かせ，課題を追究したり解決したりする活動を通して，広い視野に立ち，グローバル化する国際社会に主体的に生きる平和で民主的な国家及び社会の形成者に必要な公民としての資質・能力の基礎を次のとおり育成することを目指す。

下線の部分が地理・歴史・公民の各分野で異なりますが，中学校社会科全体の目標とほぼ共通しています。歴史的分野では，「社会的事象の歴史的な見方・考え方」を働かせる学習となっています。では，「社会的事象の歴史的な見方・考え方」とはどのようなものでしょうか。2017年版『解説』では，「社会的事象を，時期，推移などに着目して捉え，類似や差異などを明確にし，事象同士を因果関係などで関連付けること」としています。社会的事象を歴史的に捉える際の視点や方法として，時系列に関わる視点（時期，年代など），諸事象の推移に関わる視点（展開，変化，継続など），諸事象相互のつながりに関わる視点（背景，原因，結果，影響など）などに着目して，比較や関連させることと説明しています。これを念頭に置いて，柱書に続く次の三つの目標を見て下さい。

【歴史的分野の三つの目標】

（1）我が国の歴史の大きな流れを，世界の歴史を背景に，各時代の特色を踏まえて理解するとともに，諸資料から歴史に関する様々な情報を効果的に調べまとめる技能を身に付けるようにする。

（2）歴史に関わる事象の意味や意義，伝統と文化の特色などを，時期や年代，推移，比較，相互の関連や現在とのつながりなどに着目して多面的・多角的に考察したり，歴史に見られる課題を把握し複数の立場や意見を踏まえて公正に選択・判断したりする力，思考・判断したことを説明したり，それらを基に議論したりする力を養う。

（3）歴史に関わる諸事象について，よりよい社会の実現を視野にそこで見られる課題を主体的に追究，解決しようとする態度を養うとともに，多面的・多角的な考察や深い理解を通して涵養される我が国の歴史に対する愛情，国民としての自覚，国家及び社会並びに文化の発展や人々の生活の向上に尽くした歴史上の人物と現在に伝わる文化遺産を尊重しようとすることの大切さについての自覚などを深め，国際協調の精神を養う。

これらの目標（1）・（2）・（3）は，柱書の目標を達成するための三つの資質・能力に関わるものになります。

目標（1）は，「知識及び技能」に関わる目標です。前半は「理解」すべき知識を示しています。「我が国の歴史の大きな流れ」を理解する，つまり日本史の概略を理解するのが基本となります。ただし，単なる日本史の概略ではなく，世界史を背景に理解し，各時代の特色を踏まえて理解することが大切です。このことは以前から中学校社会科で求められてきたことですが，特に2017年版では充実が図られています。後半は「技能」を示しています。前半で述べたような知識を単に理解するのではなく，生徒が「諸資料」から歴史に関わる情報を「調べまとめる」技能を求めています。歴史に関わる「諸資料」には，教科書や副読本に掲載された史料，絵画・写真，地図，統計などに加えて，各種文献に掲載されたものや生徒が実地で取材してきたものなどが挙げられます。それらを課題に合わせて収集し，読み解き，まとめていく「技能」となります。

目標（2）は，「思考力，判断力，表現力等」に関わる目標です。「思考力」「判断力」については，歴史に関して多面的・多角的に考察する力と公正に選択・判断する力としています。「時期や年代，推移，比較，相互の関連や現在とのつながりなど」を視点としているところは，柱書にあった「社会的事象の歴史的な見方・考え方」に関わっています。このような見方・考え方を駆使して，歴史を考えていく力とともに，様々な考えにも目を配りつつ選択・判断ができる力となります。「表現力」については，自己の思考・判断を説明し，さらには議論する力と述べられています。ここでは，思考・判断の根拠として前述の諸資料や読み解きが重要な要素となります。

目標（3）は，「学びに向かう力，人間性等」に関わる目標です。歴史学習を通して期待される態度や自覚などについて，具体的にいくつかの項目が列挙されています。これらをまとめる形で「国際協調の精神」を養うことが強調されています。これは「教育基本法」の「教育の目標」にある「他国を尊重し，国際社会の平和と発展に寄与する態度を養うこと」（第二条五）につながっています。歴史学習に課された重要な目標であることを意識する必要があります。

1.2　歴史的分野の内容構成

歴史的分野の内容は，次の表7-1のようにA～Cの３つの大項目とそれぞれの中項目とで構成されています。

大項目Aの「歴史との対話」は，歴史的分野の学習の導入的な位置づけにあります。中項目（1）の「私たちと歴史」は，小学校での歴史学習から中学校での歴史学習に生徒を導くものです。小学校で学習してきた内容を活かして，資料からの読み取りや年表へのまとめなどの活動を通して「時期や年

表 7-1　歴史的分野の内容構成と対応する主な着目点

<table>
<tr><th>大項目</th><th>中項目など</th><th>主な着目点</th></tr>
<tr><td rowspan="2">A　歴史との対話</td><td>（1）私たちと歴史</td><td>時期や年代，推移，現在の私たちとのつながり</td></tr>
<tr><td>（2）身近な地域の歴史</td><td>比較や関連，時代的な背景や地域的な環境，歴史と私たちとのつながり</td></tr>
<tr><td rowspan="3">B　近世までの日本とアジア</td><td>（1）古代までの日本
（ア）世界の古代文明や宗教のおこり
（イ）日本列島における国家形成
（ウ）律令国家の形成
（エ）古代の文化と東アジアとの関わり</td><td>古代文明や宗教が起こった場所や環境，
農耕の広まりや生産技術の発展，
東アジアとの接触や交流と政治や文化の変化</td></tr>
<tr><td>（2）中世の日本
（ア）武家政治の成立とユーラシアの交流
（イ）武家政治の展開と東アジアの動き
（ウ）民衆の成長と新たな文化の形成</td><td>武士の政治への進出と展開，
東アジアにおける交流，
農業や商工業の発達</td></tr>
<tr><td>（3）近世の日本
（ア）世界の動きと統一事業
（イ）江戸幕府の成立と対外関係
（ウ）産業の発達と町人文化
（エ）幕府の政治の展開</td><td>交易の広がりとその影響，
統一政権の諸政策の目的，
産業の発達と文化の担い手の変化，
社会の変化と幕府の政策の変化</td></tr>
<tr><td rowspan="2">C　近現代の日本と世界</td><td>（1）近代の日本と世界
（ア）欧米における近代社会の成立とアジア諸国の動き
（イ）明治維新と近代国家の形成
（ウ）議会政治の始まりと国際社会との関わり
（エ）近代産業の発展と近代文化の形成
（オ）第一次世界大戦前後の国際情勢と大衆の出現
（カ）第二次世界大戦と人類への惨禍</td><td>工業化の進展と政治や社会の変化，
明治政府の諸改革の目的，
議会政治や外交の展開，
近代化がもたらした文化への影響，
経済の変化の政治への影響，
戦争に向かう時期の社会や生活の変化，
世界の動きと我が国との関連</td></tr>
<tr><td>（2）現代の日本と世界
（ア）日本の民主化と冷戦下の国際社会
（イ）日本の経済の発展とグローバル化する世界</td><td>諸改革の展開と国際社会の変化，
政治の展開と国民生活の変化</td></tr>
</table>

（2017年版『解説』を参考に茨木作成。下線を追加した。）

代，推移，現在の私たちとのつながり」などに着目させていく学習です。生徒が学んできた小学校の歴史学習の基本は，人物や文化遺産を通しての学習です。つまり，時代や時代の流れを意識して歴史を学んできてはいません。中学校での歴史学習の基本になる「時代」や「時代区分」については，ここから学んでいくものである点に注意して下さい。小学校で学んできた歴史上の人物や文化遺産を上手に活かして最初の授業を構成していくことになります。

中項目（2）の「身近な地域の歴史」は，生徒の生活の場や学校などの生徒にとって身近な地域を取り上げて歴史の学習を進めるものです。地域に存在する具体的な様々な事物を通して生徒自身が分かりやすく歴史を学び，考える機会になります。何をどのように取り上げるかは地域の特性によって異なります。この点が，社会科教師の工夫のしどころになります。「身近な地域の歴史」は，導入部分だけでなく，歴史学習全体の中でも意識的に適切に織り込んでいくことが必要です。

大項目ＢとＣがいわゆる歴史の内容となります。前述した目標（1）にあったように，日本史の「大きな流れ」を，世界史を「背景」に，「各時代の特色を踏まえて理解する」構成になっています。下線を見ると分かるように，古代まで・中世・近世，近代・現代という「各時代」を５つの中項目として立てています。このように「時代」を追って歴史を学んでいく通史的な学習となっています。そして「各時代の特色」を踏まえて日本史の「大きな流れ」を理解するのが最終的に目指されています。

次に，各時代を取り上げている中項目について見ていきます。ここでは大項目Ｂ「近世までの日本とアジア」の中項目（2）「中世の日本」を例とします。まず，全体として「課題を追究したり解決したりする活動」を通して，以下で述べるような「知識」と「思考力，判断力，表現力等」を身に付けられる指導を求めています。「知識」については，表7-2にあるように（ア)～(ウ）の３つに分けています。

表 7-2 「中世の日本」で身に付ける各項目での「知識」の構造

項目	「基」とする歴史的な事象	「理解」すべき事項
(ア) 武家政治の成立とユーラシアの交流	①鎌倉幕府の成立, ②元寇（モンゴル帝国の襲来), など	Ⓐ武士が台頭して主従の結び付きや武力を背景とした武家政権が成立し，その支配が広まったこと, Ⓑ元寇がユーラシアの変化の中で起こったこと
(イ) 武家政治の展開と東アジアの動き	③南北朝の争乱と室町幕府, ④日明貿易, ⑤琉球の国際的な役割，など	Ⓒ武家政治の展開とともに，東アジア世界との密接な関わりが見られたこと
(ウ) 民衆の成長と新たな文化の動き	⑥農業などの諸産業の発達，畿内を中心とした都市や農村における自治的な仕組みの成立, ⑦武士や民衆などの多様な文化の形成, ⑧応仁の乱後の社会的な変動，など	Ⓓ民衆の成長を背景とした社会や文化が生まれたこと

(2017年版『解説』を参考に茨木作成。①～⑧やⒶ～Ⓓの記号を追加した。)

「中世の日本」で身に付ける「知識」は，項目ごとに「基」とする歴史的な事象と，その学習を通して「理解」すべき事項として示されています。教師としては，ⒶⒷなどを念頭に置いて①②などの何を取り上げるかの検討が必要になります。当然ながらⒶⒷなどを暗唱させても意味はありません。①②などの歴史的な事象を基にして様々な学習を展開することで，ⒶⒷなどの「理解」にどのように導くのかが授業の工夫となります。

「思考力，判断力，表現力等」については,「武士の政治への進出と展開，東アジアにおける交流，農業や商工業の発達など」に着目して相互に関連付けるなどして，表の (ア)～(ウ) について「中世社会の変化の様子」を考察し，表現すること，そして，まとめとして「中世の日本を大観して」,「時代の特色」を考察し，表現することとしています。生徒が「中世の日本」について考えて表現する学習の積み重ねによって，“中世の日本というのは，こういう時代だった”と根拠をもって説明できることが目指されています。他の時代についても同様に学習を進めて，世界史を背景とした日本史の「大きな流れ」をつかむことにつなげていきます。そして，歴史の学習全体を通して「歴史的な見方・考え方」をきたえることで，一人の市民としての基礎を養うことが期待されます。

歴史の学習は，事項の羅列に終始しがちです。つまり，多くの人名・地名・年代や様々な制度・文化財などが出てきて，その説明に追われ，生徒もひたすら暗記して試験に備えるという傾向があります。ここで見てきたように，歴史に関わる様々な事項を，「思考力，判断力，表現力等」を育成する素材としつつそこで得た「知識」を相互に関連付けて「時代の特色」をつかめるように授業を構成して社会科の目標につなげていくことが大切です。

それでは，実際にどのように授業を構成していくか，以下で紹介する２つの事例をもとにして各自で考えて下さい。

（茨木智志）

2　歴史的分野の実践１－時代区分に着目した歴史教育－

2.1　歴史との対話－生徒に何を身に付けさせたいのか－

大項目Ａの「歴史との対話」は，（1）私たちと歴史，（2）身近な地域の歴史の２つの観点で構成されています。2017年版『解説』には，「歴史との対話」の学習で生徒にどのような力をつけさせたいのかが次のように示されています。

> 歴史的分野の導入として，歴史的分野の学習に必要とされる基本的な「知識及び技能」を身に付け，生徒が，過去を継承しつつ，現在に生きる自身の視点から歴史に問いかけ，歴史的分野の学習を通して，主体的に調べ分かろうとして課題を意欲的に追究する態度を養うことをねらいとしている。

具体的には，生徒がなぜ様々な年代の表し方があるのか，時代を区分することにはどのような意味や意義があるのかを理解したり，資料から歴史にかかわる情報を読み取り，年表にまとめたりする活動の中で，時代が転換するということや，区分の着目点から現代や生徒の身近な地域はどのようになっているかを考察しようとする力を養うことを目指します。学習内容についての注意点としては，2017年版『解説』によると，「中学校の歴史学習の導入として実施することを原則とすること。小学校での学習を踏まえ，扱う内容や活動を工夫すること」としています。つまり，小学校で学習した人物を取り上げ，時代区分することの意味や意義を考える学習や地域に残る文化財や，地域の発展に尽くした人物の業績とそれに関わる出来事を取り上げ，その時代の様子を考察できるようにする学習を行う必要があります。

次に，「私たちと歴史」の学習について，2017年版『解説』には次のように示されています。

> 中学校歴史的分野の学習の導入として，小学校で学習した人物や文化財，歴史上の出来事などから適切なものを取り上げ，これと時代区分との関わりなどについて考察し表現する学習を，適切な学習課題に基づいて生徒自身が資料から情報を読み取ったり年表などにまとめたりするなどの活動を取り入れながら行う。

つまり，従前の導入学習である内容の（1）の「ア　我が国の歴史上の人物や出来事などについて調べたり考えたりするなどの活動」の趣旨を受け継ぎ，歴史上の人物や文化財，出来事と時代区分との関わりなどについて考察し，表現することに主眼があることを一層明確にしたといえます。また，「年代の表し方や時代区分」の学習については，今後の学習の中でも継続的・計画的に進めることが求められています。

2.2　授業づくりの要点

小学校で学習した学習した内容を基に，年代の表し方を理解し，時代区分の意味や意義を追究する授業案を示します。年代の表し方には世紀や西暦，元号といったものがあります。それぞれの表し方の意味に加え，互いの関係に着目することで意味や意義についても確実に理解できるようにします。そのために，本単元の最初に年代の表し方の基礎を確認し，生徒が練習問題に取り組む時間を確保します。

身に付けた年代の表し方の知識や技能を活用し，次に日本の歴史の転換点を考え，配布された日本の歴史の年表にオリジナルの2つの時代名を記入する活動を行います。そのとき，小学校で学習した歴史人物を20名挙げ，人物の特徴が大きく変わった時期を考え，時代名を考える活動を位置付けます。表7-3に授業で取り上げる人物例を示します。この後多面的な視点から時代区分を考えることができるよう，取り上げる人物は政治に関わる人物だけでなく，紫式部などの文化の発展に関わる人物やペリーなど外国からやってきて，日本に影響を与えた人物を取り上げることが大切です。

生徒は「紫式部と平清盛の間で区分し，貴族の時代と武士の時代と命名します。理由は，平和で安定していた時代が，争いが多い時代に変わっていったから」という意見や「西郷隆盛と福沢諭吉の間で区分し，ユーラシア大陸時代と世界進出時代と命名します。理由は，西郷までの時代はユーラシア大陸の国々との交流が多かったのですが，後に世界全体の交流に変化していったから」という意見を出しました。どちらも歴史上の人物の特徴を押さえた上で，戦いや外交といった視点で日本の歴史を捉えることができていました。

生徒一人一人が時代名と理由をまとめたところで，グループで交流し，一番説得力のある時代区分を選び，学級全体で交流します。グループで時代区分を選ぶ際には「歴史上の人物の特徴を押さえた時代区分になっているか」という視点を教師から示します。

表7-3　本単元で取り上げる歴史上の人物の例

時代区分	人物名
古代	卑弥呼，聖徳太子，中大兄皇子，鑑真，藤原道長，紫式部
中世	平清盛，源頼朝，足利義満，雪舟
近世	ザビエル，織田信長，豊臣秀吉，徳川家康，近松門左衛門
近代	ペリー，西郷隆盛，福沢諭吉，伊藤博文，野口英世

（2017年版『解説』を参考に佐藤作成）

時代区分の発表が終わった後，教師から「次は２か所の時代の転換点を考え，３つの時代名を考える」という課題を出します。これは，１か所の転換で区分し，仲間と交流する中で得た時代区分に対する共通した考え方や独自の視点を活用するためです。また，これまで使ってきた年表に加え，法隆寺や東大寺などの建物の写真や，貴族の生活や各時代の街の様子を表した絵画資料を提示します。視覚的に時代の様子が分かる資料を提示することで，時代の特徴を把握することができ，具体的な特徴をまとめることができます。このとき提示する資料は，小学校の学習で提示したものを用意すると，既習事項を活用しようとする意識を高めることができます。加えて，時代区分や時代名を考えた後に，再びグループで交流することと「人物以外の資料を用いて時代区分をしているか」という評価の視点を示します。評価する視点を事前に明らかにすることで，人物に加え，文化財や歴史上の出来事を意識して時代区分をしようとする姿が期待できます。

生徒は「歴史上の人物や街の様子の資料から，服装に注目して命名しました。武士が登場するまでの時代が着物時代，明治維新までの時代を鎧時代，その後を洋服時代とします」という意見や「建築物の視点から時代名を考えました。厳島神社が建てられた頃までを日本文化時代，本居宣長が国学を発達させるまでを日本文化発展時代，それ以降を西洋文化時代とします」というような意見を発表しました。歴史上の人物の特徴に加え，様々な資料の情報を読み取り，同じ視点から時代区分を考えていました。

2.3　単元計画等

・単元の目標

小学校で学習した人物や文化財，出来事に着目して，課題を追究したり解決したりする活動を通して，次の資質・能力を身に付けることができるようにする。
・年代の表し方や時代区分の意味や意義を理解するとともに，資料から歴史に関する情報を読み取ったり，まとめたりする技能。

・時期や年代，推移などに着目して，日本の歴史の転換点がいつか考え，オリジナルの時代名として表現する力。
・歴史上の人物やそれぞれの時代の特徴について，主体的に追究しようとする態度。

・単元の評価規準

知識・技能	思考・判断・表現	主体的に学習に取り組む態度
・年代の表し方や時代区分の意味や意義についての基本的な内容を理解している。 ・資料から歴史に関わる情報を読み取ったり，まとめたりする技能を身に付けている。	・時期や年代，推移などに着目して，小学校での学習を踏まえて歴史上の人物や文化財，出来事から日本の歴史の転換点を考え，オリジナルの時代名を命名することができる。	・歴史上の人物やそれぞれの時代の特徴を追究しようとするとともに，仲間との意見交流から共通点や独自の視点を見いだそうとしている。

・単元計画

時	・各時間の項目　■生徒の学習活動
1	・年代の表し方と時代区分 ■様々な年代の表し方を理解する。
2	・日本の歴史の転換点 ■小学校で学習した人物から，日本の歴史の転換点を考える。 ■仲間と交流し，時代区分の共通点や独自の視点を見付ける。
3	・日本の歴史の２つの転換点 ■小学校で学習した人物に加え，文化財などを活用し，２つの転換点となる出来事を考える。 ■２つの転換点で分けた時代に，オリジナルの時代名を付ける。
4本時	・オリジナル時代区分の交流 ■グループで個々に考えた時代名や転換点となった出来事を発表し合い，共通点や独自の視点を見付ける。

・本時の評価基準

	A（十分満足できる）	B（おおむね満足できる）	Bに到達させるための支援
思考・判断・表現	・小学校で学習した人物や文化財，出来事を基に多面的・多角的な視点から２つの転換点を考え，それぞれの時代に論拠をもって命名し，仲間に発表することができる。	・小学校で学習した人物や文化財，出来事を基に多面的・多角的な視点から２つの転換点を考え，それぞれの時代に命名し，仲間に発表することができる。	・人物だけでなく，文化財や出来事を基に時代区分を考えることができるよう，グループでの交流の際に「人物以外の視点で区分を考えているか」という評価視点を明確にする。

2.4　本時の展開例

時	■学習活動　・予想される子どもの反応	●指導・支援　◇評価
導入 ５分	■これまでの学習を振り返り，日本の歴史でどの出来事を転換点としたか交流する。	●ペアやグループで意見を交流する時間を確保する。
展開 ① 15分	■１次で人物を記入した年表や各時代の特徴的な絵画資料などを活用し，各時代の特徴から２か所の転換点を考える。 ・戦いの有無に着目し，平和維持時代や戦時代に区分する。 ・建物の建て方（屋根の素材）に着目し，植物時代や瓦時代に区分する。	●この後グループで交流することを予告し，「人物以外の視点で考えているか」という評価の視点を示す。 ◇小学校で学習した人物や文化財，出来事を基に多面的・多角的な視点から２つの転換点を考え，それぞれの時代に論拠をもって命名している。
展開 ② 25分	■生徒一人一人が考えた時代区分をグループで発表し合い，最も納得した区分を選ぶ。 ・戦いの有無で区分した方法は，具体的で分かりやすいことに加え，技術などの発展にも触れることができるのではないか。 ・建物の建て方に注目するのは，人々の生活の視点以外にも文化の視点からも考えることができている分け方である。 ■グループで選んだ時代区分を全体で発表し	●子どもの気付きや思考を見出し，意見交流に生かす。 ◇自分で考えた時代区分や転換点を論拠を明確にして，グループや学級の仲間に発表している。

	合う。	
終末 ５分	■本時の学習内容を振り返る。 ・他者の意見を参考にして，自分の考えを省察する。	●意見交換の内容を整理する。

〈参考文献〉

伊藤賀一（2011）：『世界一おもしろい　日本史の授業』中経出版.
国立教育政策研究所（2020）：『「指導と評価の一体化」のための学習評価に関する参考資料【中学校社会】』東洋館出版社.
佐々木潤之介他編（2000）：『概論日本歴史』吉川弘文館.
澤井陽介・加藤寿朗（2017）：『見方・考え方　社会科編』東洋館出版社.

（佐藤勝久）

3　歴史的分野の実践２－歴史を大観する授業－

3.1　近世までの日本とアジア－生徒に何を身につけさせたいのか－

大項目Ｂの「近世までの日本とアジア」は（１）古代までの日本，（２）中世の日本，（３）近世の日本の３つに時代を区分して構成しています。時代を大観することについて2017年版『解説』では，「各中項目のまとめ」として取り扱うこと，「各時代の特色を大きく捉え…他の時代との共通点や相違点に着目して，学習した内容を比較したり関連付けたりする」学習活動を想定しています。こうした学習活動の中で「思考力，判断力，表現力」を養うとともに，「確かな理解と定着」を図ることが求められています。

ここでは，（２）中世の日本の内容で武家政治の成立を取り上げ，古代までの日本との違いに着目することで，古代および中世の特色を見いだしていくという，いわゆる時代を大観することで把握できる時代の特色を追究する単元を構想します。

歴史を大観するには，古代や中世といった大きな時代区分の枠組みを用いることが有効です。しかし，通常の１時間ごとの授業では，こうした時代区分を意識して取り扱うことが少なく，個別の歴史的事象を取り上げ，その因果関係や推移などに注目して授業を展開します。どの時代においても，おおよそ（1）政治史，（2）アジアを中心とする諸国との外交史，（3）社会史，（4）文化史という流れで単元が構成されます。例えば，奈良時代の支配の仕組みを学習する政治史を学習し，その後人々の生活の様子や当時の文化的な特徴をまとめるのが一般的ではないでしょうか。すると，奈良時代の特色を多面的に捉えることができます。一方で，こうした授業展開では，「奈良時代の支配の仕組みは，平安時代との比較でどのようなことがいえるのか」といった問いは，生徒にとって考えにくいと思われます。さらに巨視的に「奈良時代を含む古代とはどのような時代か」という問いを立てると，より課題解決が困難になります。

そこで本単元では，政治史のみに注目し「古代の日本」と「鎌倉時代」を比較することで，古代・中世の日本の特色を改めて浮き彫りにするとともに，歴史を大観する力を身に付けさせたいと考えます。歴史を大観するということは，歴史的事象の関連性や類似性を見つけ一般化したり，逆に差異や変化を見いだしたりするなど，概念的理解を深めることだと考えます。政治史にのみ注目するわけですが，このことで多面的・多角的な考察ができなくなるわけではありません。鎌倉幕府をこれまでの政権と比較することで，武家政権（鎌倉幕府）の由来や権力基盤，朝廷との関係性，平氏政権との差異など，様々に注目すべき点が明らかになってくるはずです。源頼朝が，近畿で政権運営を行わず，鎌倉にとどまった理由を追究する際に，こうした多面的・多角的な考察がなされることが期待できます。そして，生徒が自分の考えをワークシートにまとめたり，仲間に説明したりする際に，根拠をもって論理的に表現できるようになることを目指します。

3.2　授業づくりの要点

2017年版『解説』では，「社会的事象の歴史的な見方・考え方」は，「社会的事象を，時期，推移などに着目して捉え，類似や差異などを明確にし，事象同士を因果関係などで関連付け」て働かせるものとしています。また，中央教育審議会「審議のまとめ」（平成28年８月）では，「社会的事象を，時期，推移などに着目して捉え，類似や差異などを明確にしたり，事象同士を因果関係などで関連付けたりすること」と整理されています。このことから，本単元では古代と中世を政治史的に比較することにより，権力基盤の推移に注目したり，権力を獲得する課程における類似や差異を見いだしたりすることが，社会的な見方を働かせることになると考えます。さらに，こうした見方を用いて鎌倉幕府がなぜ近畿地方で政権運営をしなかったのか追究することは，歴史的事象を因果関係で捉えるという社会的な考え方を働かせることになると考えます。

古代と中世の画期はいつかになるのかという問いに対して，その見解は様々です。歴史的事象のいずれに注目するかで，その境目は変わってきます。院政期から平氏政権の頃を，中世の始まりとして扱うことが多いのは，武士という主体が社会の前面に登場してくるからだといわれます。天皇家および天皇との関係が深かった貴族による政治に対して，武力をもった武士たちの影響力が強くなっていくのが，古代から中世への転換期です。しかし，院政期と平氏政権は，その軸足を近畿地方においたままです。一方，源頼朝はダイナミックに鎌倉へ拠点を移します。ここに，古代と中世の大きな隔絶を見いだしたいと考えます。

古代日本が成立してから，その中心は常に近畿地方の平地（奈良盆地～大阪平野～京都盆地～近江盆地）にありました。しかし，源平の争いに勝利し，政権を握った源頼朝は，鎌倉にその拠点を構えます。その動機はいったい何でしょうか。ここに注目し，この問いを追究することで，古代から中世への時代の転換期を大観することができると考えます。

単元を通して追究する課題は，授業の冒頭に示します。そして毎時間の授業では，この学習課題を追究するためのヒントや視点を取り扱います。

3.3　単元の計画等　武家政治の始まりとその展開―いざ鎌倉！　なぜ鎌倉？―

・単元の目標

時期，推移や変化などに注目して，鎌倉幕府の成立についてこれまでの政権との共通点や相違点を明確にしながら課題を追究したり解決したりする活動の中で，次の資質・能力を身に付けることができるようにする。

- ・鎌倉幕府の成立，承久の乱などを基に，武家政権の特色を理解するとともに，諸資料から課題追究に必要な様々な情報を効果的に調べまとめる。
- ・武士の政治への進出と展開に着目して，古代までの日本の政治や政権の在り方と比較することで，武家政権の特色を多面的・多角的に考察したり，思考したことを説明したり，それらを基に議論したりする。
- ・鎌倉幕府と古代までの日本との違いについて，見通しをもって学習に取り組もうとし，学習を振り返りながら，課題を追究する。

・単元の評価規準

知識・技能	思考・判断・表現	主体的に学習に取り組む態度
・鎌倉幕府の成立，承久の乱などを基に，武士が台頭して主従の結び付きや武力を背景とした武家政権が成立したことを理解している。 ・武家と朝廷の関係性や承久の乱の勢力図などの諸資料から，武家政権の特色を把握するための情報を効果的に調べ，まとめている。	・武士の政治への進出と展開に着目して，事象を相互に関連付けるなどして，中世の社会の変化の様子を多面的・多角的に考察し，表現している。 ・古代の日本から通して時代を大観して，その特色を多面的・多角的に考察し，表現している。	・鎌倉幕府の成立は，古代までの日本とどのように違うのかについて，見通しをもって学習に取り組もうとし，学習を振り返りながら，課題を追究しようとしている。

・単元の計画

時	・各時間の項目　　■生徒の学習活動
1	・武士の登場 ■単元を貫く問い「なぜ鎌倉幕府は，これまでの支配層のように近畿で政権運営をしなかったのだろうか」を確認し，仮説をまとめる。

	■武士団が形成されていった背景について，中央と地方の違いに注目しながら理解する。
2	・院政と平氏政権 ■院政を行った上皇がどのように権力を獲得していったのか，武士との関係を踏まえて理解する。 ■平氏による政権運営でうまくいった点といかなかった点をまとめ，その原因を教科書や資料集から読み取る。
3	・武家政治の成立 ■源頼朝が守護や地頭を全国に設置したことと，朝廷の立場と対比しながら権力の移り変わりを理解する。 ■幕府と御家人のような主従関係（封建制度）は，これまでの土地の制度と比べてどのような違いがあるのかまとめる。
4	・承久の乱と武家政治の広まり ■承久の乱における後鳥羽上皇のねらいと，乱の後の幕府の統治の仕組みについて理解する。
5 本時	・なぜ鎌倉？ ■教師から示された〈考える視点〉をヒントに資料を読み取り，鎌倉幕府が近畿で政権運営をしなかった理由を文章でまとめる。 ■上記の答えを仲間と交流し，考えを深める。 ■古代とはどのような時代だったか，中世とは古代とどのような違いがあるのかを文章でまとめる。

・本時の評価基準

	A（十分満足できる）	B（おおむね満足できる）	Bに到達させるための支援
思考・判断・表現	武士の政治への進出と展開に着目して，古代までの日本の政治や政権の在り方と具体的な比較をすることで，鎌倉幕府が近畿で政権運営をしなかった理由について多面的・多角的に考察し，根拠をもって論理的に説明することができる。	武士の政治への進出と展開に着目して，古代までの日本の政治や政権の在り方と比較をすることで，鎌倉幕府が近畿で政権運営をしなかった理由について多面的・多角的に考察し，説明することができる。	・古代の貴族や平氏政権と鎌倉幕府の政治の仕組みを対比して読み取ることのできる資料を準備する。 ・〈考える視点〉として，これまでの政治体制との比較，武士と朝廷との関係性，朝廷の勢力や規模に注目させる。

3.4　本時の展開例

時間	■学習活動　・予想される生徒の反応	●指導・支援　◇評価
導入 5分	■前時までの学習内容を振り返る。 ■単元を貫く問いを再確認する。	●これまで使用してきたワークシートの内容に注目させる。
展開 35分	■教師から示された〈考える視点〉をヒントに資料を読み取り，鎌倉幕府が近畿で政権運営をしなかった理由を文章でまとめる。 ・近畿地方では朝廷の勢力がまだ強く，朝廷と距離を置きたかったから。 ・平氏と同じような失敗をしないため。 ・武士という立場に誇りをもっていたので，貴族風のスタイルをしたくなかったから。 ■上記の答えを仲間と交流し，考えを深める。	●〈考える視点〉として以下の点を伝える。 ・平氏政権や摂関政治，院政との比較をする ・武士の成り立ちと朝廷との関係に注目する ・朝廷の勢力に注目する ●上記視点に沿った資料を配付する。 ●自分の考えを述べる際は，根拠を明らかにすることを説明する。 ◇資料を用いて根拠とし，鎌倉幕府が近畿地方で政権運営をしなかった理由を論理的にまとめている。
まとめ 10分	■古代とはどのような時代だったか，中世とは古代とどのような違いがあるのかを文章でまとめる。 ・朝廷を中心とした貴族社会が古代で，武力と結束力で力を手に入れたのが中世。	●鎌倉幕府が近畿に政権の拠点を置かなかった理由から見えてくる古代の姿に注目させる。

(参考文献)

今谷明（2018）:「中世」中公新書編集部編『日本史の論点』中央公論新社.

澤井陽介・加藤寿朗（2017）:『見方・考え方　社会科編』東洋館出版社.

国立教育政策研究所（2020）『「指導と評価の一体化」のための学習評価に関する参考資料【中学校社会】』東洋館出版社.

橋爪大三郎・大澤真幸（2016）:『げんきな日本論』講談社.

山本博文（2013）:『歴史をつかむ技法』新潮社.

（岩野　学）

第８章　公民的分野の学習

―本章の概要―

本章では，公民的分野について説明します。まず，学習指導要領の目標を，その柱書と三つの資質・能力から説明します。次に，内容の構成について説明します。さらに，生徒に身につけさせたい力について述べます。最後に，経済と政治について具体的な授業案を示します。

1　公民的分野の学習指導要領の内容・ポイント

1.1　公民的分野の目標構成

公民的分野の目標も，他と同じように柱書として示された目標と，三つの資質・能力の柱に沿った目標から成り立っています。まず，柱書として示された2017年版の目標についてみてみましょう。

> 現代社会の見方・考え方を働かせ，課題を追究したり解決したりする活動を通して，広い視野に立ち，グローバル化する国際社会に主体的に生きる平和で民主的な国家及び社会の形成者に必要な公民としての資質・能力の基礎を次のとおり育成することを目指す。

2017年版『解説』によれば，公民的分野で働かせる「現代社会の見方・考え方」は，中教審答申を踏まえて，「社会的事象を，政治，法，経済などに関わる多様な視点（概念や理論など）に着目して捉え，よりよい社会の構築に向けて，課題解決のための選択・判断に資する概念や理論などと関連付けること」とされ，そのような課題解決に向けて考察，構想する際の視点や方法（考え方）として整理されています。この視点や方法（考え方）は，社会的事象を読み取る際の概念的枠組みです。公民的分野においては，小学校の社会科で育まれた視点，地理的分野で育まれた位置や空間的な広がりといった視点，歴史的分野における推移や変化などの視点を踏まえたうえで，現代社会を捉える枠組みとしての対立と合意，効率と公正などの概念的枠組みが示されています。これら現代社会の見方・考え方を働かせて，第2章の教科の目標で説明したように公民的分野の柱書としての目標の後半に当たる内容の育成を目指します。そこで，次に，柱書を達成するための三つの資質・能力に関わる目標について説明します。

（1）個人の尊厳と人権の尊重の意義，特に自由・権利と責任・義務との関係を広い視野から正しく認識し，民主主義，民主政治の意義，国民の生活の向上と経済活動との関わり，現代の社会生活及び国際関係などについて，個人と社会との関わりを中心に理解を深めるとともに，諸資料から現代の社会的事象に関する情報を効果的に調べまとめる技能を身に付けるようにする。
（2）社会的事象の意味や意義，特色や相互の関連を現代の社会生活と関連付けて多面的・多角的に考察したり，現代社会に見られる課題について公正に判断したりする力，思考・判断したことを説明したり，それらを基に議論したりする力を養う。
（3）現代の社会的事象について，現代社会に見られる課題の解決を視野に主体的に社会に関わろうとする態度を養うとともに，多面的・多角的な考察や深い理解を通して涵養される，国民主権を担う公民として，自国を愛し，その平和と繁栄を図ることや，各国が相互に主権を尊重し，各国民が協力し合うことの大切さについての自覚などを深める。

（1）は，知識及び技能に関わる目標です。まず，知識について言えば，個人と社会の関わりを中心に理解を深めます。その際に，個人の尊厳や尊重，自由・権利と責任・義務との関係もおさえます。また，技能に関しては，学習場面に応じて三つの技能が示されています。すなわち，第一に「手段を考えて課題の解決に向けて必要な社会的事象に関する情報を収集する」，第二に「収集した情報を現代社会の見方・考え方を働かせて読み取る」，第三に「読み取った情報を課題の解決に向けてまとめる」技能です。なお，これらの技能を獲得するために，インターネットなどの様々な情報手段を効果的に活用するとともに，考察に必要な情報を合理的な基準で選択したり，正しい情報を選別したりして分析することも大切です。（2）は，思考力，判断力，表現力等に関わる目標です。思考力，判断力とは，事実を基に社会的事象の意味や意義，特色や相互の関連を現代の社会生活と関連付けて多面的・多角的に考察する力であったり，現代社会に見られる課題を把握して，よりよい社会の構築に向けて，複数の立場や意見を踏まえて根拠に基づき公正に判断する力であったりするものです。なお，ここでの多面的な考察とは，社会的事象が様々な条件や要因によって成り立ち，かつ，相互に関連しながら変化し続けていることを基に考察するということです。多角的とは，社会的事象を捉えるに当たって多様な角度や，いろいろな立場から考察するということです。また，公正な判断は，手続きの公正，機会の公正，結果の公正などに分類されます。そこで，課題に応じてどのような公正に基づいた判断をするのかをも選択する必要があります。表現力については，学習の結果を効果的に発表するだけでなく，学習の過程で考察したり構想したりした内容を表現することも含みます。（3）は，学びに向かう力，人間性等に関わる目標です。これは，教育基本法及び学校教育法に規定されている「公共の精神に基づき，主体的に社会の形成に参画し，その発展に寄与する態度を養うこと」の中核的な指導場面のひとつである公民的分野において身につけることが期待されています。例えば，政治分野では，主権者として国家及び社会に主体的に関わる態度を身につけるということが目指されます。

1.2　公民的分野の内容構成

公民的分野の内容は，Ａ～Ｄの大項目と，それぞれの中項目から成り立っています（表 8-1）。

大項目Ａは，公民的分野の導入に当たります。ここでは，小学校の社会科や，地理的分野や歴史的分野で育まれた見方・考え方を働かせることも大切です。中項目の（1）については，少子高齢化や情報化，グローバル化など

表 8-1　公民的分野の内容構成と主な視点・概念

大項目	中項目	主な視点・概念
A　私たちと現代社会	（1）私たちが生きる現代社会と文化の特色 （2）現代社会を捉える枠組み	対立と合意，効率と公正など
B　私たちと経済	（1）市場の働きと経済 （2）国民の生活と政府の役割	対立と合意，効率と公正，分業と交換，希少性など
C　私たちと政治	（1）人間の尊重と日本国憲法の基本的原則 （2）民主政治と政治参加	対立と合意，効率と公正，個人の尊重と法の支配，民主主義など
D　私たちと国際社会の諸問題	（1）世界平和と人類の福祉の増大 （2）よりよい社会を目指して	対立と合意，効率と公正，協調，持続可能性など

（2017年版『解説』を参考に中平作成）

を基にして，現代日本の社会の特色について学習します。そこでは，伝統や文化が私たちの生活にどのような影響を与えているのかについて，適切な問いを設け，それを追究したり解決したりする活動を通して，社会的事象についての関心を高め，課題を意欲的に追究する態度を養うことを目指します。中項目（2）については，適切な問いを設けそれを追究したり解決したりする活動を通して，対立と合意，効率と公正などの概念的枠組みを理解します。そして，それらを働かせて，個人の尊厳や，契約の責任と義務の重要性について理解したり，個人と社会の関係性などを考察したり表現したりします。なお，効率と公正は関係概念であることに注意を払ってください。自分自身と他者，あるいは社会との関係の中で働かせる概念的枠組みです。よって，設定する問いも生徒にとって関係性がわかるものにする必要があります。

a）市場の働きと経済について，
　b）市場の働きと経済対立と合意，効率と公正，分業と交換，希少性などに着目して，

c）課題を追究したり解決したりする活動を通して，
① d1）個人や企業の経済活動における役割と責任について多面的・多角的に考察し，表現する活動を通して，
e1）身近な消費生活を中心に経済活動の意義や，市場経済の基本的な考え方や市場における価格の決まり方や資源の配分，現代の生産や金融などの仕組みや働きについて理解すること。
② d2）社会生活における職業の意義と役割及び雇用と労働条件の改善について多面的・多角的に考察し，表現する活動を通して，
e2）勤労の権利と義務，労働組合の意義及び労働基準法の精神について理解すること。

大項目Ｂは，経済活動に関わる内容になります。ここで，大項目Ｂの中項目（1）市場の働きと経済を例にして，公民的分野の学習指導要領の構造と読み方に即して，この単元の学習方法・内容を読み取ってみます（ａ～ｅは第２章で付した記号)。このように，経済的な視点から概念的枠組みに着目して問いを設け，その課題を追究したり解決したりする活動を通して，資質・能力を教育するといった学習の方法や内容が考えられます。具体的な授業については，次節を参考にしてください。なお，大項目Ｂの中項目（2）は，社会資本や公害防止，消費者の保護や租税などを学習します。

大項目Ｃは，私たちと政治に関する内容になります。中項目（1）については，個人の尊重や法の支配などを日本国憲法の原理原則とともに学習します。なお，概念的枠組みについて民主主義に着目しますが，他にも立憲主義にも目を向けることにより，法の支配を生徒が深く認識することなども考えられます。さらにここでは，天皇の地位と役割についても学習します。中項目（2）については，民主主義や多数決原理の運用とその在り方，議会制民主主義や法に基づく公正な裁判，そして地方自治などを学習します。

最後の大項目Ｄは，私たちと国際社会の諸課題に関する内容になります。中項目（1）では，国際関係について，国際協調や国際平和を基軸に主権や領土，地球環境や資源・エネルギー，世界的な貧困などの諸課題を学習しま

す。核兵器などの脅威，文化や宗教，民族などの対立や経済格差により生じる地域紛争やテロリズムなどの脅威にさらされている国際的な現状に触れながら，平和のために何ができるのかを学習します。特に，持続可能な開発目標（SDGs）に触れながら，具体的な課題を捉え解決に向けて何ができるのかなどを授業で学習します。中項目（2）は，社会科のまとめとして位置づけられています。よって，小学校の社会科，地理的分野や歴史的分野，そして公民的分野で学習した成果を活用して，これまでに育成された資質・能力が発揮できるような内容と，そのための十分な授業時間数が求められます。ここでの学習は，次のように示されています。すなわち，「私たちがよりよい社会を築いていくためにはどうしたらよいのかについて，持続可能な社会を形成するという観点から，課題を設けて探究し，自分の考えを説明，論述し，これから社会参画をしていくための手掛かりを得ることを主なねらいとしている。」です。ここからも，社会科のまとめであることがわかると思います。生徒が，社会科の学びの集大成として，現時点での自分なりの考えをまとめ，それを基に主体的に社会に関わることを目指しています。

1.3　生徒にどのような力を身につけさせたいのか

今回の学習指導要領の改訂全般に言えることでもあり，かつ，これまでの社会科でも同様に考えられてきたことですが，単に語句の理解に終始することが授業ではありません。例えば，大項目Ｃでは，単に法が規定している内容や政治制度について理解するだけでなく，なぜそのような法や制度があるのか，そこにどのような意義があるのかを考えられる力を身につけさせたいものです。2017年版『解説』にも，現代社会の見方・考え方を働かせた公民的分野の学習の特質が，次のように示されています。

> 生徒が，様々な社会的事象の関連や本質，意義を捉え，考え，説明したり，現代社会の諸課題の解決に向けて構想したりする際，現代社会の見方・考え方を働かせ

ることによって，その解釈をより的確なものとしたり，課題解決の在り方をより公正に判断したりすることが可能となる。また，現代社会の見方・考え方を働かせることによって，政治，法，経済などに関する基本的な概念や考え方を新たに獲得したり，課題を主体的に解決しようとする態度などにも作用したりするということである。

主体的に社会に参加する態度を育成するにあたっては，「なぜ」だけでなく，「どのようにして，どのような」社会を形成していくのかも考えられるようにする力も身につけさせたいものです。そのために，2017年版にあるように対話的な学習により，自分と他者の考えを比較したり，吟味したりする熟議が効果的であると考えます。その際に，自分や目の前の他者だけでなく，例えば選挙権がなくとも日本に暮らす人などの，社会に声を届けることができにくい人の「分け前なき者の分け前」（ランシエール，2005）に目を向けさせたいものです。

〈参考文献〉

ジャック・ランシエール著，松葉祥一，大森秀臣，藤江成夫（2005）：『不和あるいは了解なき了解－政治の哲学は可能か』インスクリプト．

（中平一義）

2　公民的分野の実践1－希少性に着目した経済教育－

2.1　私たちと経済－生徒に何を身につけさせたいのか－

大項目Bの私たちと経済は，（1）市場経済の働きと経済，（2）国民の生活と政府の役割の2つの観点で構成されています。2017年版『解説』には，経済の学習で生徒にどのような力をつけさせたいのかが次のように示されています。

特に，経済に関する内容の学習については，なぜそのような仕組みがあるのか，どのような役割を果たしているのかということを理解できるようにしたり，経済活動が我々の社会生活にあらゆる面で密接な関わりを持っていることを踏まえたりしながら，今日の経済活動に関する諸課題について着目し，主権者として，よりよい社会の構築に向けて，その課題を解決しようとする力を養うことが大切である。

財政の学習を例にすると，生徒が国の歳入（税金など）と歳出（社会保障関連費など）の課題に着目し，よりよい社会の構築に向けて，その課題を解決しようとする力を養うことを目ざします。学習内容についての注意点は，2017年版『解説』によると「大切なことは，なぜそのような制度や仕組みを作ったのか，なぜそのような仕組みがあるのかということであり，制度や仕組みそのものを詳細に説明して理解できるようにすることではない」としています。したがって，財政の学習では，税金や社会保障の制度や仕組みの詳細について，生徒が理解できるようにするのではなく，税金や社会保障の制度や仕組みが作られた経緯や役割，課題などを生徒が理解できるようにする必要があります。

次に，現代社会の見方・考え方を働かせた学習指導のねらいについて，2017年版『解説』には次のように示されています。

内容のAの「(2) 現代社会を捉える枠組み」の学習成果を生かし，経済に関する様々な事象や課題を捉え，考察，構想する際の概念的な枠組みとして対立と合意，効率と公正，分業と交換，希少性などに着目したり関連付けたりして，経済に関する様々な事象などを理解できるようにしたり，合意形成や社会参画を視野に入れながら，経済に関する課題の解決に向けて多面的・多角的に考察，構想できるようにする。さらに，理解した内容や考察，構想した過程や結果について，その妥当性や効果，実現可能性などを踏まえて表現できるように指導することをねらいとしている。

特に経済の学習で重要となる現代社会の見方・考え方は分業と交換，希少性です。分業と交換については次のように示されています。

アの（ウ）の現代の生産や金融などの仕組みや働きを理解することについては，家計と企業との関連に着目しながら，人々が求める財やサービスを作り出す生産が，

> 家計によって提供される労働やその他の資源を投入して企業を中心に行われていることについて理解できるようにすることを意味している。つまり，家計と企業，企業間などにおいて「分業と交換」が行われているといえるのである。
>
> その際，各企業は企業間で「分業」を行い，中間財を含めた財やサービスを「交換」することを通して人々が求める財やサービスを作り出すことによって，私たちの生活が成り立っていることを理解できるようにする必要がある。

家計と企業，企業間などとの関連性について分業と交換に着目することで現代の生産や金融などの仕組みや働きを理解することにつなげます。

次に希少性について，2017年版『解説』には次のように示されています。

> 一般に，人間の欲求は多様で無限に近いものであるのに対し，財やサービスを生み出すための資源は有限であり，生み出される財やサービスもまた有限である。つまり，地球上に存在するほぼ全てのものは「希少性」があるといえるのである。そこで，所得，時間，土地，情報など限られた条件の下において，価格を考慮しつつ選択を行うという経済活動がなされるのである。

希少性に着目することで，社会の様々な課題を限られた条件の下で，どのように解決していくのかを考えることができます。

2.2　授業づくりの要点

希少性を軸に，効率と公正の概念に着目して，日本の社会保障と財政の課題を追究する授業案を示します。日本では少子高齢化と人口減少が進み，社会保障費は毎年増加しています。一方で現役世代の人口は減少し，税収と保険料の収入は減少しています。足りない分は国債を発行しているため，債務は未来世代に先送りされています。社会保障費については高齢者関係（年金，介護，医療など）の給付が多く，若者層向け（教育や子育てなど）の給付が少ないことも課題の１つです。現在，人口構成や雇用形態，ライフスタイルの多様化など社会が変化し，社会保障と財政の在り方は大きく見直しを迫られています。社会保障と財政をめぐる様々な課題を希少性，効率と公正に着目して考察すると，生徒が制度や仕組みの本質や意義をとらえ，よりよい社会を構想することができます。2017年版『解説』には財政及び租税の役割について次のように示されています。

財政支出に対する要望は広範多岐にわたり，そのための財源の確保が必要であるが，国や地方公共団体の財源は無限にあるわけではなく，税収に加え特例公債の発行などによって賄われている現状の理解を基に，効率と公正，希少性などに着目して，財源の確保と配分について，国民や住民が受ける様々な公共サービスによる便益と，それにかかる費用に対する負担など財政の持続可能性に関わる概念などと関連付けて多面的・多角的に考察し，表現できるようにすることを意味している。

この内容をふまえて，社会保障と財政の課題を希少性，効率と公正に着目し，考察した例を表 8-2 に示します。

希少性に着目し，財源をどのように確保し，無限ではない財源を社会保障関連費にどのように配分するかを考えます。そして，効率と公正の概念も働かせ，社会保障関連費を全ての世代や多様な個々人の具体的な生活状況を考えながら配分方法を検討します。ここで注意が必要なのは，希少性の概念を再確認することです。中学生が希少性と聞いて思い浮かべるのは「わずかなもの」，「珍しい（レア）」，「希少生物（絶滅危惧種）」，「限られた化石燃料（石炭，石油など）」でしょう。このイメージのまま，課題を考える際に着目する概念的枠組みとして希少性を用いた場合，「資源は有限だから無駄なく使う」というように，効率とだけ結びつき，「無駄を省き，削れるところを削る」という発想に偏ってしまうでしょう。そうすると効率と公正は関係概念にもかかわらず，公正が背後に退き，「高齢者が優遇されているから削るべき」，「生活保護費を削るべき」など，世代間の分断や社会的弱者の排除につながるような視点ばかりになってしまいます。もちろん，効率は市場経済の考え方として大切な概念ですが，「一部の人に過度の負担がかかっていないか」，「社会の中で排除されてしまう人はいないか」など公正の視点も大切です。課題の解決に向けて，効率に加え，公正さも実現できるように考察していくことが必要です。

表 8-2　社会保障と財政の課題を希少性，効率と公正に着目して考察した例

概念的枠組み	社会保障と財政の課題を考察，構想する際の視点	妥当性，効果，実現可能性，描く社会像
希少性 ・人間の無限の欲求に対して資源は限られている。	・少子高齢社会の到来，人口減少が進行する中で，どのように財源を確保し，限られた財源をどのように配分していくか。	・持続可能な社会保障と財政の在り方。
効率 ・社会全体で無駄を省く。	・無駄な財政支出を減らし，社会全体で大きな成果を得るには，社会保障費をどのように配分していくか。	・市場経済。 ・どこを削るか。 ・格差を容認。 ・世代間，世代内の分断。
公正 ・手続きの公正さ。 ・機会や結果の公正さ。	・すべての世代を考慮し，決定しているか。 ・不利益を受ける人はいないか。 ・公平な税負担や社会保障費の配分となっているか。	・民主主議。 ・公平，公正な社会の実現。 ・格差の是正。 ・分かち合い。

（2017年版『解説』を参考に野寄作成）

社会保障と財政の課題について，希少性を効率でだけでなく公正と結びつけて考えるには，希少性を「少ない資源をいかに効率よく配分するか」というように資源の量と質を固定的にとらえてしまうのではなく，変動するものとらえます。例えば財政の場合，消費税や法人税などを増税すれば社会保障に使える財源を増やすことができ，多くの人々にサービスを提供できるなど，社会保障を充実させることができます。財源の確保は財政の持続可能性にもつながります。もちろん，増税により財源を増やすことができたとしても人間が求める欲求に対して，資源や生み出される財やサービスは有限ですが，配分できる資源の量と質は変えられるものもあることがわかります。社会保障と財政の課題を希少性，効率と公正の概念を働かせて考える際には，効率と公正を関係概念としてとらえて用いる必要があること，資源や生み出されるサービスの量・質も固定的ではなく変動するものもあることをふまえて活用しましょう。

2.3　単元計画等

・単元の目標

対立と合意，効率と公正，希少性などに着目して，課題を追究したり解決したりする活動を通して，次の資質・能力を身に付けることができるようにする。

・社会保障の役割を理解するとともに，少子高齢社会における社会保障について統計資料などを読み取り，効果的に調べ，まとめる技能を身につけるようにする。
・対立と合意，効率と公正，希少性などに着目して，少子高齢社会の到来における財政及び租税や社会保障の役割について，多面的・多角的に考察し表現する力を養う。
・少子高齢社会における社会保障と財政に関わる課題の解決に向けて，主体的に追究しようとする態度を養う。

・単元の評価規準

知識・技能	思考・判断・表現	主体的に学習に取り組む態度
・少子高齢社会における社会保障のこれからを，財政上の課題を踏まえて理解している。 ・財政や少子高齢社会の到来を示す統計資料などを新聞やインターネットなどから正確に収集，選択しようとしている。	・少子高齢化，人口減少が進行する中で，どのように財源を確保し，配分していくかを他者に配慮しながら公正に判断している。 ・対立と合意，効率と公正，希少性などに着目して，財政及び租税や社会保障の役割について多面的・多角的に考察し表現している。	・少子高齢社会における社会保障と財政に関わる課題の解決を，主体的に追究しようとしている。

・単元計画

時	・各時間の項目　　■生徒の学習活動
1	・私たちの生活と財政 ■財政の仕組みを理解する。
2	・政府の役割と財政の課題 ■社会資本，公共サービスの提供など政府の役割を理解する。 ■金融政策と財政政策の仕組みを理解する。

3	・社会保障の仕組み ■社会保障の4つの柱（社会保険，公的扶助，社会福祉，公衆衛生）を理解する。 ■社会保障の現状と課題を理解する。
4 本時	・少子高齢社会の到来と，これからの社会保障の課題 ■少子高齢化が日本の社会保障に及ぼす影響と課題を理解する。 ■これからの社会保障の課題の解決策について追究する。 ■自ら考えた解決策を，論拠をもって他者に適切に伝える。
5	・少子高齢社会における社会保障の在り方の課題について，解決策を考える。 ■前時の学習を踏まえて，自らの考えた解決策をまとめる。 ■課題の解決を視野に主体的に社会に関わろうとする。

・本時の評価基準

	A（十分満足できる）	B（おおむね満足できる）	Bに到達させるための支援
思考・判断・表現	・希少性，効率と公正の見方・考え方に着目し，社会保障の在り方や財政及び租税の役割について，多面的・多角的に考察し論拠をもって適切に表現することができる。	・効率と公正の見方・考え方に着目し，社会保障の在り方や財政及び租税の役割について，多面的・多角的に考察し論拠をもって適切に表現することができる。	・公正な配分の仕方について，誰に負担を配分するのか，誰に給付を配分するのか具体的な人を例にして判断することができるように支援する。

2.4　本時の展開例

時	■学習活動　　・予想される子どもの反応	●指導・支援　◇評価
導入 5分	■少子高齢社会の到来について，人口減少など今後の人口構成から，日本の社会保障の課題を理解する。	●社会保障の現状と課題の概要を把握させる。

展開 ① 15分	■日本のこれからの社会保障の方向性について，次の①～④のどれを選択するのかを考える（①～④を組み合わせてもよい）。 ①財政でまかなう（予算のうち，社会保障関連費への配分を増やす）。 ②財政でまかなうが社会保障関連費に必要な財源は増税でまかなう。 ③財政でまかなうが社会保障関連費に必要な財源は，利用する人の負担分を増やすことでまかなう。 ④社会保障は市場に任せていくべき（必要な人の自己負担）。	●医療や福祉など具体的な事例を提示して考えさせる。
展開 ② 25分	■今後の日本の社会保障と財政の在り方の課題を希少性，効率と公正を用いて考える。 ・希少性で考えると，限られた財源を多様な世代の人々にどのように配分していくべきか迷う。 ・持続可能な社会保障を考えるには希少性を念頭に置く必要がある。 ・効率で考えると，増え続ける社会保障費の中で削減できるところを探し，削減していくべき。 ・効率だけだと格差が広がっていくかもしれない。 ・公正で考えると，一部の人だけに負担が重くなったり，社会保障からこぼれてしまったりする人がいてはいけない。 ・公正さも実現させるには，増税を行い，増えた財源をみんなのために使う方法もある。	●子どもの気付きや思考を見出し，意見交流に生かす。 ◇希少性，効率と公正の見方・考え方に着目し社会保障の在り方や財政及び租税の役割について，多面的・多角的に考察し論拠をもって適切に表現することができる。
終末 5分	■本時の学習内容を振り返る。 ・他者の意見を参考にして，自分の考えを省察する。	●意見交換の内容を整理する。

〈参考文献〉

新井明・柳川範之・新井紀子・e-教室編著（2005）：『経済の考え方がわかる本』岩波書店．

坂上康俊，戸波江二，矢ケ﨑典隆ほか49名（2020）：『新編 新しい社会 公民』東京書

籍（平成27年3月31日検定済，令和2年2月10日発行）．
神野直彦（2007）：『財政のしくみがわかる本』岩波書店．
文部科学省国立教育政策研究所教育課程研究センター（2020）：『「指導と評価の一体化」のための学習評価に関する参考資料　中学校社会』令和2年3月，（https://www.nier.go.jp/kaihatsu/pdf/hyouka/r020326_mid_shakai.pdf）（最終閲覧日2020年9月5日）．

（野寄雄太）

3　公民的分野の実践2－最適解を創出する主権者教育－

3.1　私たちと国際社会の諸課題－主権者教育との親和性－

主権者教育とは，異なる価値観や利害の存在によって解決策が分かれるような公的な問題に対して，根拠を示しながら自分なりの解決策を社会に提言することのできる主権者を育成する教育を指しています。本節で教材として取り扱う大項目Dの私たちと国際社会の諸課題は，（1）世界平和と人類の福祉の増大，（2）よりよい社会を目指しての2つの観点で構成されています。2017年版『解説』には，国際社会の学習で生徒にどのような力をつけさせたいのかが次のように示されています。

> この大項目は，国際社会に対する理解を深めることができるようにし，国際社会における我が国の役割について多面的・多角的に考察，構想し，表現できるようにするとともに，人類の一員としてよりよい社会を築いていくために解決しなければならない様々な課題について探究し，自分の考えを説明，論述できるようにすることを主なねらいとしている。
> その際，世界平和を確立するための熱意と協力の態度を育成するとともに，人類の福祉の増大を図り，現在及び将来の人類がよりよい社会を築いていくために解決すべき課題について考え続けていく態度を育成することが大切である。

資源・エネルギーを取り扱った学習を例にすると，世界全体でどのような問題があり，日本はその問題とどう直面しているのかを理解し，持続可能性や対立と合意といった視点を踏まえ，望ましい解決策は何か，主権者として暫定的な最適解を考える力の育成を目指します。この点が，解決策が分かれるような公的問題に対して自分なりの解決策を社会に提言できる力の育成を目指す主権者教育と親和性が高い単元となっています。

次に，現代社会の見方・考え方を働かせた学習指導のねらいについて，2017年版『解説』には次のように示されています。

> 内容のAの「（2）現代社会を捉える枠組み」の学習成果を生かし，国際社会に関する様々な事象や課題を捉え，考察，構想する際の概念的な枠組みとして対立と合意，効率と公正，協調，持続可能性などに着目したり関連づけたりして，国際社会に関する様々な事象などを理解できるようにしたり，合意形成や社会参画を視野に入れながら，国際社会に関する課題の解決に向けて多面的，多角的に考察，構想できるようにする。さらに，理解した内容や考察，構想した過程や結果について，その妥当性や効果，実現可能性などを踏まえて表現できるように指導することを主なねらいとしている。

特に本単元で重要となる現代社会の見方・考え方は持続可能性，対立と合意です。持続可能な社会の形成について，2017年版『解説』には次のように示されています。

> 持続可能な社会を形成するためには，世代間の公平，地域間の公平，男女間の平等，社会的寛容，貧困削減，環境の保全，経済の開発，社会の発展を調和の下に進めていくことが必要であることを理解できるようにすることを意味しており，このことの理解を基に探究できるようにすることが大切である。

また，対立と合意については2017年版『解説』には次のように示されています。

> 多くの人々は家族，学校，地域社会，職場などの様々な集団を形成し，そこに所属して生活している。そして，集団に所属する人は，一人一人個性があり多様な考え方や価値観をもち，また利害の違いがあることから，当然，集団の内部で問題（トラブル）や紛争が生じる場合もある。また，売買の交渉などにおいて，売り手と買い手が異なる金額や条件を提示してまとまらない場合もある。ここではそれらを「対立」として捉えているのである。このような「対立」が生じた場合，多様な考え方をもつ人が社会集団の中で共に成り立ちうるように，また，互いの利益が得

られるよう，何らかの決定を行い，「合意」に至る努力がなされていることについて理解できるようにすることを意図している。

つまり，国際社会の理想像について，持続可能性，対立と合意の視点から考察することで，異なる価値観や利害を創造的に調停し，現在から将来にわたるよりよい社会形成の在り方を模索することができます。

3.2　授業づくりの要点

持続可能性を軸に，対立と合意の概念に着目して，日本の資源・エネルギー問題について暫定的な最適解を追究する授業案を示します。資源・エネルギーの学習において，2017年版『解説』では以下を取り扱うこととしています。

資源・エネルギーに関わっては，有限である資源・エネルギーが不足してきていること，一層の省資源，省エネルギー及びリサイクルなどの必要性が求められていること，新しい資源・エネルギーの開発やその利用が必要であること

世界でも有数のエネルギー消費国である日本は，資源が乏しく，一次エネルギーを海外からの輸入に頼りながらエネルギー政策を展開してきました。しかしながら，環境問題への配慮がより一層求められるようになり，2011年には東日本大震災に伴う東京電力福島第一原子力発電所の事故の経験などから，日本のエネルギー政策の在り方が問われています。今後の日本のエネルギー政策の在り方について，持続可能性，対立や合意に着目して考察すると，多様な価値観や利害の対立を乗り越えて，よりよい社会をどのように形成するか暫定的な最適解を示すことができます。

次に，表8-3に日本の今後のエネルギー政策の在り方を持続可能性，対立と合意に着目し，考察した例を示します。

持続可能性に着目し，経済成長と環境保全の両立を考慮してよりよい社会を現在から将来へ引き継ぐことができるエネルギー政策の在り方を考えます。

表 8-3　日本のエネルギー政策を持続可能性，対立と合意に着目して考察した例

概念的枠組み	日本のエネルギー政策を考察，構想する際の視点	妥当性，効果，実現可能性，描く社会像
持続可能性 ・将来世代を考えながら，現在のニーズを満たす社会形成の在り方。	・経済成長（豊かな暮らし）と環境保全の両立も視野に入れたエネルギー政策はどうあるべきか。 ・現在のよりよい社会を将来世代に引き継いで行くにはどうしたらよいか。	・持続可能なエネルギー政策の在り方。
対立 ・多様な価値観や，異なる利害の衝突。	・日本のエネルギー政策の在り方として，発電方法の内訳の背景にはどのような価値観や利害の対立があるのか。	・各発電方法の長所・短所 ・各発電方法の割合 ・トレードオフ
合意 ・多様な価値観が共存し，お互いの利益を尊重しあう決定。	・すべての発電方法の長所・短所を踏まえて決定しているか。 ・決定によって不利益を受ける人や排除される人はいないか。 ・決定によって生じる恩恵に見合った負担となっているか。	・民主主義 ・公平，公正な社会の実現。

（2017年版『解説』を参考に室井作成）

そして，対立と合意の概念も働かせ，様々な発電方法の長所や短所を踏まえ，経済産業省が示す2030年の電源構成（以下，「2030電源構成」）を批判的に検討します。2016年の電源構成（火力発電83%，原子力発電２%，再生可能エネルギー15%）と「2030電源構成」（火力発電56%，原子力発電22～24%，再生可能エネルギー22～24%）を比較すると，火力発電の割合を減らし，原子力発電と再生可能エネルギーの割合を増やすことが想定されています。異なる価値観や利害によって，以下のような対立が生じます。「現在の豊かな暮らしを次の世代に引き継いでいくために，資源の乏しい日本は火力発電よりも原子力発電の割合を中心にすべきだ。」，「安定供給こそ豊かな暮らしを次世代に残すためには重要だから，「2030電源構成」が示すように火力発電を中心にすべきだ」，「化石燃料は有限で，温室効果ガスの排出にもつながるから火力発電は減らし，日本は原発事故を経験したのだから原子力も減らして，再生可能エネルギーを増やすべきだ。」ここでは，よりよい社会像や発電方法の長所・短所のとらえ方や価値観の違いに伴う対立が背景に存在しています。こうした対立の背景を理解し，対立を創造的に調停していくことで，暫定的な最適解を創出することができます。

3.3　単元計画等

・単元の目標

持続可能性，対立と合意などに着目して，課題を追究したり解決したりする活動を通して，次の資質・能力を身に付けることができるようにする。 ・日本のエネルギー政策の推移と現状を理解するとともに，今後のエネルギー政策の在り方について統計資料などを読み取り効果的に調べまとめる技能を身につけるようにする。 ・持続可能性，対立と合意などに着目して，今後の日本のエネルギー政策の在り方について，多面的・多角的に考察し表現する力を養う。 ・日本のエネルギー政策における課題に解決に向けて，主体的に追究しようとする態度を養う。

・単元の評価規準

知識・技能	思考・判断・表現	主体的に学習に取り組む態度
・日本のエネルギー政策について，現状と課題を踏まえて理解している。 ・各発電方法の長所や短所，「2030電源構成」等の資料を正確に収集，選択しようとしている。	・各発電方法の長所・短所を踏まえたり，発電方法の増減に伴う影響を考慮したりして公正に判断している。 ・持続可能性，対立と合意などに着目して，日本のエネルギー政策について多面的・多角的に考察し表現している。	・今後の日本のエネルギー政策の在り方について，主体的に追究しようとしている。

・単元計画

時	・各時間の項目　　■生徒の学習活動
1	・資源・エネルギー問題 ■世界の化石燃料の埋蔵量と世界のエネルギー消費量を理解する。 ■増大するエネルギー消費量への対応策を理解する。
2	・日本のエネルギー政策の現状と今後 ■日本の現在までの発電方法の推移を理解する。 ■経済産業省による「2030電源構成」を理解する。
3	・日本の各発電方法のメリット・デメリット ■火力発電・原子力発電・再生可能エネルギーの長所・短所を整理する。 ■各発電方法について，論拠をもとに望ましいものからランク付けする。
4 本時	・日本の今後のエネルギー政策の最適解（1） ■「2030電源構成」の妥当性を検討し，必要があれば発電方法の内訳を修正する。 ■自分の考え（修正案）を，グラフ化し論拠を明らかにする。
5	・日本の今後のエネルギー政策の最適解（2） ■前時の学習結果を，小集団で意見交換する。 ■改めて「2030電源構成」の望ましい在り方について自分の考えを文章でまとめる。

・本時の評価基準

	A（十分満足できる）	B（おおむね満足できる）	Bに到達させるための支援
思考・判断・表現	・持続可能性，対立と合意の見方・考え方を働かせて着目し日本のエネルギー政策の在り方について，多面的・多角的に考察し論拠をもって適切に表現することができる。	・対立と合意の見方・考え方を働かせて着目し社会保障の日本のエネルギー政策の在り方について，多面的・多角的に考察し論拠をもって適切に表現することができる。	・日本のエネルギー政策の在り方について，各発電方法の長所・短所，「2030電源構成」に伴う影響を踏まえて判断できるように支援する。

3.4　本時の展開例

時	■学習活動　　・予想される子どもの反応	●指導・支援　◇評価
導入 5 分	■日本の現在のエネルギー政策（2016年）と「2030電源構成」を比較して，国の施策としてこれから発電方法の内訳をどのように増減していくのか理解する。 ・現在（2016）の電源構成（火力発電83%，原子力発電 2 %，再生可能エネルギー15%）と「2030電源構成」（火力発電56%，原子力発電22～24%，再生可能エネルギー22～24%）を比較すると火力発電を減らし，原子力発電と再生可能エネルギーを増やす施策となっていることが分かる。	●日本のエネルギー政策の現状と今後の国としての施策の概要を把握させる。
展開 ① 25分	■「2030電源構成」の妥当性について，持続可能性，対立・合意などを用いて検討する。 ・持続可能性で考えると，将来世代を考えながら，現在のニーズを満たす電源構成にしなくてはいけない。 ・対立で考えると，以下のようになる。 ①火力発電を中心にすることで，安定供給が実現する一方で，化石燃料の使用に伴う温室効果ガスの排出や有限性が心配される。 ②原子力発電が増えることで経済成長や便利な生活の実現には良いが，事故や環境への影響などが心配される。 ③再生可能エネルギーを増やすことで，環境保全とエネルギー供給が両立できる一方で，導入の初期費用が高く安定供給上の問題がある。 ・合意で考えると，全ての発電方法の長所・短所を踏まえた決定となっているか，また決定による不利益と恩恵に見合った負担が考慮されているか。	●前時に学習した各発電方法の長所・短所を振り返りながら妥当性を検討させる。 ●各発電方法の増減に伴う対立を踏まえて妥当性を検討させる。

展開② 15分	■今後の日本のエネルギー政策の在り方（「2030電源構成」の修正案）について，グラフを作成して自分の考えをまとめる。 ・将来世代のことも考え，よりよい社会を形成しなくてはいけない。 ・各発電方法の増減によって生じる影響を考慮して決定しなくてはいけない。	●各発電方法の内訳と論拠を明確に自分の考えをまとめさせる。 ◇持続可能性，対立と合意の見方・考え方を働かせて着目し日本のエネルギー政策について，多面的・多角的に考察し論拠をもって適切に表現することができる。
終末 5分	■本時の学習内容を振り返り，次時の活動を確認する。 ・作成したグラフと説明文をもとに，次回は小集団で意見交換して認識を深めることを確認する。	●次回の意見交換の要点を確認する。

〈参考文献〉

開沼博（2015）：『はじめての福島学』イーストプレス．

経済産業省（2017）：「長期エネルギー需給の見通し」平成27年３月，（https://www.enecho.meti.go.jp/committee/council/basic_policy_subcommittee/mitoshi/pdf/report_01.pdf）（最終閲覧日2020年９月27日）．

資源エネルギー庁（2019）：「2030エネルギーミックス実現へ向けた対応について－全体整理－」平成30年３月，（https://www.enecho.meti.go.jp/committee/council/basic_policy_subcommittee/025/pdf/025_008.pdf）（最終閲覧日2020年９月27日）．

渡部竜也（2019）：『主権者教育論－学校カリキュラム・学力・教師－』春風社．

（室井章太）

第Ⅲ部：高等学校地理歴史科・公民科の実践編

第９章　地理歴史科地理の学習

―本章の概要―

本章では，高等学校地理歴史科の地理科目である地理総合と地理探究について説明します。最初に学習指導要領に記された両科目の目標と内容について解説し，続いて必履修科目である地理総合の具体的な授業づくりの事例を示します。

1　地理歴史科地理の学習指導要領の内容・ポイント

1.1　地理総合と地理探究の目標構成

第３章で学んだように2017年版では地理歴史科で必履修科目が定められました。地理の場合は，必履修科目が地理総合（標準単位数２），選択科目が地理探究（標準単位数３）の２つで，地理探究は地理総合を履修した後に履修することとされています。

両科目の目標は，中学校の場合と同様に，柱書と３つの資質・能力に対応した項目からなっています。そして，地理総合と地理探究の目標の柱書は同じで次です。

【地理総合・地理探究の目標の柱書】 社会的事象の地理的な見方・考え方を働かせ，課題を追究したり解決したりする活動を通して，広い視野に立ち，グローバル化する国際社会に主体的に生きる平和で民主的な国家及び社会の有為な形成者に必要な公民としての資質・能力を次のとおり育成することを目指す。

地理歴史科全体の教科目標と異なるのは，冒頭部分の「社会的な見方・考え方を働かせ」が，「社会的事象の地理的な見方・考え方を働かせ」になっ

ていることです。ここからは，地理科目の授業では，「地理的な見方・考え方」が要点であることが分かります。これは中学校地理的分野と同じで，「地理的な見方・考え方」とは，第6章1節で説明したものです。なお，中学校地理的分野の柱書と比べて異なるのは文末部分「公民としての資質・能力の基礎を次のとおり育成することを目指す」にあった「基礎」が高等学校にはない点です。ここからは，中学校地理的分野で習得した資質・能力を十分に踏まえ発展させることが，高等学校地理科目のねらいであるといえます。

次に，目標の3項目について，地理総合と地理探究を比較しながら確認します。知識及び技能にかかわるねらいである（1）は次です。

【地理総合】

（1）地理に関わる諸事象に関して，世界の生活文化の多様性や，防災，地域や地球的課題への取組などを理解するとともに，地図や地理情報システムなどを用いて，調査や諸資料から地理に関する様々な情報を適切かつ効果的に調べまとめる技能を身に付けるようにする。

【地理探究】

（1）地理に関わる諸事象に関して，世界の空間的な諸事象の規則性，傾向性や，世界の諸地域の地域的特色や課題などを理解するとともに，地図や地理情報システムなどを用いて，調査や諸資料から地理に関する様々な情報を適切かつ効果的に調べまとめる技能を身に付けるようにする。

「理解すると」までの知識部分を比べると，地理総合は，世界の生活文化の多様性，防災，地域や地球的課題への取組みなどとされています。一方，地理探究では，世界の空間的な諸事象の規則性，傾向性，世界の諸地域の地域的特色や課題などとされ，違いがあります。一方，その後の技能部分は同じで，地図や地理情報システムを活用する技能を身に付ける授業が求められています。

なお，中学校地理的分野の知識及び技能目標と比較すると，高等学校では日本の諸地域の理解がなく，世界地理の学習が中心であること，地理情報システムが明記されるなどにより発展的な技能習得が求められていることが分かります。

思考力・判断力・表現力等に関わるねらい（2）は次です。

【地理総合】

（2）地理に関わる事象の意味や意義，特色や相互の関連を，位置や分布，場所，人間と自然環境との相互依存関係，空間的相互依存作用，地域などに着目して，概念などを活用して多面的・多角的に考察したり，地理的な課題の解決に向けて構想したりする力や，考察，構想したことを効果的に説明したり，それらを基に議論したりする力を養う。

【地理探究】

（2）地理に関わる事象の意味や意義，特色や相互の関連を，位置や分布，場所，人間と自然環境との相互依存関係，空間的相互依存作用，地域などに着目して，系統地理的，地誌的に，概念などを活用して多面的・多角的に考察したり，地理的な課題の解決に向けて構想したりする力や，考察，構想したことを効果的に説明したり，それらを基に議論したりする力を養う。

前段の着目点「位置や分布，場所，人間と自然環境との相互依存関係，空間的相互依存作用，地域」は，中学校社会科地理的分野の目標項目（2）にも明記されている地理的に考察する際の視点で，その具体は第6章の表6-1で解説しました。一方，それに続く考察の仕方に関する記述には両科目でやや違いがあります。地理総合は「概念などを活用して」ですが，ここでの概念とは，考察する際の視点として記されたものに限らず，地理的な諸概念を広く指しています。例えば，位置は概念ですが，より具体的な概念としては，絶対的位置（例：緯度・経度で示された位置）や相対的位置（例：ある地点からみた方位や遠近で示された位置）があり，実際の授業ではこれら下位概念が用いられます。分布にも集中や分散，場所にも自然的特徴や人文的特徴などの下位概念があり，これら個別概念が授業では働きます。これに対し，地理探究では「系統地理的，地誌的に，概念などを活用して」となります。地理は，自然地理（気候，地形など），人文地理（産業地理，人口地理，文化地理など）のように対象事象の類型で区分される系統地理と，アジア，ヨーロッパ，アフリカのような対象地域で区分される地誌（地域地理）に大別されます。そこで，それぞれに対応してカリキュラムや学習方法は，系統地理的カリキュラム・学習，地誌的カリキュラム・学習と呼ばれてきます。したがって，地理探究では系統地理的・地誌的なカリキュラムで学習する中で思考する（概念を働かせること）を求めています。なお，系統地理的学習では空間的事象の規則性・傾向性が，地誌的学習では地域的特色・課題が見出されやすく，これは地理探究の知識内容と対応しています。「地理的な課題の解決に向けて構想する力や」以降の部分は共通ですが，中学校の地理的分野に比べると，「構想する力」が目標中に明記されるとともに，「効果的な」説明も求められ，より発展した力となっています。

3つめの，学びに向かう力，人間性等は，地理総合と地理探究でほぼ同じで，地理歴史科目標（3）を，現代世界の様々な地理的事象を主体的に学習することで実現させることを示しています。

> 【地理総合】（【地理探究】）
> （3）地理に関わる諸事象について，よりよい社会の実現を視野にそこで見られる課題を主体的に追究，解決（探究）しようとする態度を養うとともに，多面的・多角的な考察や深い理解を通して涵養される日本国民としての自覚，我が国の国土に対する愛情，世界の諸地域の多様な生活文化を尊重しようとすることの大切さについての自覚などを深める。

1.2　地理総合の内容構成

上記の目標を達成するために，地理総合の内容は，A～Cの大項目と，それぞれの中項目から成り立っています（表9-1）。

大項目Aは，世界の地域構成が主な学習対象で，1つの中項目から成っています。中項目名「地図や地理情報システムと現代世界」に象徴されるように，地図や地理情報システム（GIS）を用いた，世界各地の位置や結び付きに関する学習を通して，汎用的な地理的技能を習得することを大きなねらい

表 9-1　地理総合の内容構成と対応する主な視点・概念

大項目	中項目以下	主な視点・概念
A　地図や地理情報システムで捉える現代世界	（1）地図や地理情報システムと現代世界	位置や分布
B　国際理解と国際協力	（1）生活文化の多様性と国際理解	場所，人間と自然環境との相互依存関係
	（2）地球的課題と国際協力	空間的相互依存作用，地域
C　持続可能な地域づくりと私たち	（1）自然環境と防災	人間と自然環境との相互依存関係，地域，持続可能性
	（2）生活圏の調査と地域の展望	空間的相互依存作用，地域，持続可能性

（2018年版地歴『解説』を参考に志村作成）

としています。なお，GISに関しては，いきなり高度なシステムを用いるのは避け，地理総合全体を見通した段階的指導が必要です。例えば，ここでは，紙地図とスマートフォン上での地図とを比べて地理情報システムへの興味・関心を引き出し，日常の生活におけるGISの役割・有用性を実感させるような工夫が導入として重要です。

大項目Bは，２つの中項目から構成され，最初の中項目では，世界の人々の生活文化について，場所の特徴や，人間と自然環境との相互依存関係などの視点から考察し，世界の生活文化の多様性と変容，そして国際理解の重要性について学びます。もちろん，これら学習では大項目Aで身に付けた地理的技能を活用するとともに技能自体も深めます。続く中項目では，地球環境問題，資源・エネルギー問題，人口・食料問題，居住・都市問題をはじめとした地球的課題を，各地の相互依存などの視点から考察し，課題の傾向性や関連性を捉えるとともに，課題解決を目指した各国の取組み・国際協力の必要性を学びます。

最後の大項目Ｃでは，持続可能性がとりわけ重要な視点になります。中項目（１）は，人間社会と自然との関係を基軸に，世界・日本・生活圏でみられる様々な自然災害を学び，地域における持続可能な防災を考察します。続く中項目（２）は，生徒の通学圏などを生活圏という地域として設定し，そこでの課題（例：買い物弱者問題，空き家問題）に関する地域調査（現地調査等）を，地理的技能を活用して行い，地域性を踏まえて持続可能な解決の在り方について構想します。ここでは，地理総合で身に付けた力を総動員することになります。

1.3　地理探究の内容構成

選択科目である地理探究は，必履修の地理総合で身に付けた資質・能力を基に，地理学の成果を踏まえた系統地理的考察・地誌的考察を進め，それらを通して習得した知識や概念を活用して，現代世界に求められる日本の国土像を探究する科目です。内容構成は表 9-2 の通りで，大項目Ａが系統地理的，Ｂが地誌的なカリキュラム構成・学習となっています。

表 9-2　地理探究の内容構成と対応する主な視点・概念

大項目	中項目以下	主な視点・概念
Ａ　現代世界の系統地理的考察	（１）自然環境	場所，人間と自然環境との相互依存関係
	（２）資源，産業 （３）交通・通信，観光 （４）人口，都市・村落 （５）生活文化，民族・宗教	場所，空間的相互依存作用
Ｂ　現代世界の地誌的考察	（１）現代世界の地域区分	位置や分布，地域
	（２）現代世界の諸地域	空間的相互依存作用，地域
Ｃ　現代世界におけるこれからの日本の国土像	（１）持続可能な国土像の探究	空間的相互依存作用，地域，持続可能性

（2018年版地歴『解説』を参考に志村作成）

最後の大項目Ｃは，「持続可能な国土像の探究」という１つの中項目からなります。この項目は高等学校地理学習の総まとめとして位置づけられており，地理探究が，地理総合の学習を前提として地理の学びを一層深め，生徒一人一人が「生涯にわたって探究を深める」端緒とすることで，世界と日本の持続可能な将来を地理的な見方・考え方を踏まえて構想・実現できる人間の育成を目指していることを明確に示しています。

次節では，以上のような目標・内容をもった高等学校地理科目のうち，必履修である地理総合の実際の授業づくりを解説します。

（志村　喬）

2　地理総合の実践１ ―生活文化の多様性と国際理解―

2.1　国際理解や国際協力の重要性を認識する授業とは

「地理総合」は2018年版で新設された科目です。その中でも大項目Ｂは特色ある生活文化と地理的環境との関わりや地球的課題の解決の方向性を捉える学習などを通して，国際理解や国際協力の重要性を認識することを主なねらいとしています。国際理解や国際協力の重要性を認識するとはどういうことでしょうか。次の文章はロバート・ゲストが著した『アフリカ苦悩する大陸』の一節です。

> あるとき海外の資金提供者がマリの運河に魚の養殖場を造ったことがあった。しかし，地元の人にちょっと聞きさえすれば，その運河が一年の半分は干上がっていることぐらい，事前に分かったはずだ。

この一節だけでも，国際理解と国際協力が密接に関係していて，その重要性を認識することがいかに大切なのかが分かります。

本節では大項目Ｂ「国際理解と国際協力」の中の中項目Ｂ（1）「生活文化の多様性と国際協力」（以下単元とします）について解説します。

2.2　授業づくりの要点

本単元は世界の人々の生活文化を多面的・多角的に考察し，表現する力を育成するとともに，世界の人々の生活文化の多様性や変容，自他の文化を尊重し国際理解を図ることの重要性などを理解できるようにすることが求められている（2018年版地歴『解説』）単元です。つまり，単元構成の中に世界の人々の生活文化を多面的・多角的に考察した結果を表現する学習活動と自他の文化を尊重し国際理解を図ることの重要性を理解する学習活動を設定する必要があることを示しています。また，『地理総合』は主に主題的な方法を基にして学習できるようにしている（2018年版地歴『解説』）科目でもあります。

そこで，本単元では主題を現地化（ローカル化）とし，事例地域をヨーロッパに設定し，単元を貫く問いを「ヨーロッパのある国で販売する商品を現地化（ローカル化）してみよう」としました。

現地化（ローカル化）とは現地の自然システム（地形・気候など）や社会・経済システム（宗教，文化や政治，技術など）に合わせた商品を開発し，販売することです。例えば，イギリスでは洗濯機はどこにあるでしょうか。日本では洗濯機は風呂場など水回りの近くにあります。風呂の残り湯を再利用できる機能が必ずついていたりします。しかし，イギリスの洗濯機は基本的に台所にあります。また，ほとんどがドラム式です。縦型とドラム式の洗濯機の違いは何でしょうか。基本の設定が温水を使うようになっているものも多いようです。このように同じ洗濯機でも使用する国が違えば，機能が大きく異なります。

グローバル化によって生活文化の均一化や画一化が進んでいるともいわれますが，商品を現地化（ローカル化）する学習活動は，様々な場所の特色を見つめ直し，自他の文化を尊重し国際理解を図ることの重要性を理解することにつながります。

イギリスが含まれるヨーロッパと日本が含まれる東アジアは同じユーラシア大陸に位置します。その大部分が同じ温帯気候区に属しますが，大陸の西岸と東岸では年平均降水量が異なります。また，氷河の侵食を受け，平坦な平野が広がるヨーロッパに比べ，新期造山帯の環太平洋造山帯に含まれる日本は山地の割合が多くなっています。このように，人間と自然環境との相互依存関係の視点を持たせるために，現地化（ローカル化）のための自然システム的アプローチとしてヨーロッパの地形や気候について考察する学習過程は必要です。また，社会・経済システム的アプローチとしてヨーロッパとアジアの宗教・言語や産業の違いからもたらされる多様な生活文化にも着目することも大切です。しかし，同じヨーロッパなら，イタリアなどの南ヨーロッパとスウェーデンなどの北ヨーロッパは同質なのでしょうか。本単元の商品の現地化（ローカル化）では，販売対象国を設定します。つまり，ヨーロッパに適した商品開発ではなく，ヨーロッパの特定の国に適した商品開発に取り組みます。この学習活動の過程で，同じヨーロッパに属する国でも地形や気温・降水量において大きな違いがあること，また，ヨーロッパの人々の生活文化は地理的環境から影響を受けたり，影響を与えたりして多様性を持つことなどに気づきます。

現地化（ローカル化）を主題とした学習では，世界の人々の生活文化の多様性を理解することを直接目標とするのではありません。商品を現地化（ローカル化）する学習活動を通して，世界の人々の生活文化を多面的・多角的に考察し，表現する必然性が生まれ，世界の人々の生活文化の多様性や変容，自他の文化を尊重し国際理解を図ることの重要性に気づく授業になると想像できるのではないでしょうか。

ただし，中学校社会科地理的分野や前中項目までの授業であまり取り扱われていない内容は補う必要もあるでしょう。そのためには，単元が始まる前の生徒のレディネス（学習準備状態）をつかむことが大切です。単元が始まる前に，事前調査として，ヨーロッパの既習事項に対する調査をするのも効果的かと思います。本単元では2時で単元を貫く問いを提示するとともに，単元の学習を行う前の商品の現地化（ローカル化）を行います。その際に販売対象国として選ばれなかった東ヨーロッパを補う学習を５時に設定しています。また，その展開例を示しています。

最終的に６時で商品の現地化（ローカル化）に取り組みます。まず，個人で思考し，グループで共有します。グループを代表する現地化（ローカル化）の例をホワイトボードにまとめ学級で共有します。生徒同士で各グループの作品に投票し，最も支持を集めた現地化（ローカル化）を選びます。できれば，他の先生にも投票に参加してもらうと，学習に対する動機づけとなるでしょう。しかし，本単元では最も支持を集めたグループが高く評価されるわけではありません。最後に取り組んだ個人個人の現地化（ローカル化）において，世界の人々の生活文化を多面的・多角的に考察し，表現する力が育成されたかとともに，世界の人々の生活文化の多様性や変容，自他の文化を尊重し国際理解を図ることの重要性などが理解できたかを評価する必要があります。そのためには最後のワークシートには商品の現地化（ローカル化）だけでなく，本単元の学習を通したふり返りの記述が必要です。

2.3　単元計画等

・単元の目標

場所や人間と自然環境との相互依存関係などに着目して，課題を追究したり解決したりする活動を通して，次の事項を身に付けることができるようにする。

・世界の人々の生活文化と自然環境及び社会環境との関係などを基に，生活文化は，地理的環境から影響を受けたり，影響を与えたりして多様性をもつことや，空間的・歴史的に変容したりすることなどについて理解する。

・世界の人々の多様な生活文化を基に，自他の文化を尊重し国際理解を図ることの重要性などについて理解する。

・世界の人々の生活文化について，自然及び社会的条件との関わりなどに着目して，「地理的環境を踏まえた生活文化の理解と尊重」などの主題を設定して，「世界にはなぜ多様な生活文化がみられるのだろう。」「生活文化に根ざした多様な価値観がある中で，世界の人々が共存するためにはどのような工夫が必要だろう。」な

どを，多面的・多角的に考察し，表現する。 ・生活文化の多様性と国際理解について，よりよい社会の実現を視野に生活文化の多様性や変容の要因を，主体的に追究しようとする態度を養う。

・単元の評価規準

知識・技能	思考・判断・表現	主体的に学習に取り組む態度
・世界の人々の生活文化と自然環境及び社会環境との関係などを基に，生活文化は，地理的環境から影響を受けたり，影響を与えたりして多様性をもつことや，空間的・歴史的に変容したりすることなどについて理解している。 ・世界の人々の多様な生活文化を基に，自他の文化を尊重し国際理解を図ることの重要性などについて理解している。	・世界の人々の生活文化について，自然及び社会的条件との関わりなどに着目して，「地理的環境を踏まえた生活文化の理解と尊重」などの主題を設定して，「世界にはなぜ多様な生活文化がみられるのだろう。」「生活文化に根ざした多様な価値観がある中で，世界の人々が共存するためにはどのような工夫が必要だろう。」などを，多面的・多角的に考察し，表現している。	・生活文化の多様性と国際理解について，よりよい社会の実現を視野に生活文化の多様性や変容の要因を，主体的に追究しようとしている。

・単元計画

時	・各時間の項目　　■生徒の学習活動
1	・現地化（ローカル化）の視点とグローバル化① ■様々な企業の現地化（ローカル化）の成功例や失敗例を資料から読み取る。
2	・現地化（ローカル化）の視点とグローバル化② ■ヨーロッパを事例地域とする。 ■これまでの学習を参考に販売国と販売商品を設定し，現地化（ローカル化）する。
3	・自然環境と人々の生活 ■ユーラシア大陸の西岸のヨーロッパと東岸のアジアを比較する。
4	・ヨーロッパの生活文化と産業 ■ヨーロッパの宗教・言語，産業，EU 加盟国内の経済状況を比較する。

5 本時	・東ヨーロッパは本当に東にあるのか ■複数の地図を比較して，東ヨーロッパの地理的な場所を読み取る。 ■複数の資料を比較して，東ヨーロッパへの日系企業の進出した要因を読み解く。
6	・現地化（ローカル化）の視点とグローバル化③ ■これまでの学習と本単元の学習を参考にヨーロッパの中で販売国と販売商品を設定し，現地化（ローカル化）する。

・本時の評価基準

	A（十分満足できる）	B（おおむね満足できる）	Bに到達させるための支援
思考・判断・表現	・日系企業が東ヨーロッパに進出した複数の要因を，様々な資料を基に，思考・判断し，議論する中から，導き出すことができる。	・日系企業が東ヨーロッパに進出した特定の要因を，様々な資料を基に，思考・判断し，議論する中から，導き出すことができる。	・１つの資料から１つの要因を導き出すのではなく，様々な資料の関連性等を踏まえるよう支援する。

2.4　本時の展開例

時	■学習活動　　・予想される子どもの反応	●指導・支援　◇評価
導入 ５分	■東ヨーロッパのイメージについてグループで共有し，発表する。 ・旧ソ連。 ・ヨーロッパの中では所得が低そう。 ・他国との関わりが少なそう。 ・産業が発達していなさそう。	●グループ内の役割分担について責任を持たせ，議論を活発化させる。
展開 ① 15分	■複数の地図を比較して，東ヨーロッパの位置を読み取る。 地図Ａ　ヨーロッパの地図 地図Ｂ　ユーラシア大陸の地図 地図Ｃ　ヨーロッパとアフリカの地図 ・東ヨーロッパは東に位置する（地図Ａ）。 ・東ヨーロッパは西に位置する（地図Ｂ）。 ・東ヨーロッパは東に位置する（地図Ｃ）。	●３種類の地図を順番に配付し，イメージの違いを読み取らせる。

展開 ② 25分	■複数の資料から，なぜ2000年以降，東ヨーロッパへの日系企業の進出が急激に増加しているのか読み解く。 資料１　東ヨーロッパに進出した日系企業数 資料２　ヨーロッパの経済格差 資料３　ヨーロッパのおもな国の最低賃金 ・EU に加盟したので，EU 域内での製品の輸送コストが下がる。 ・最低賃金が低いので生産コストが下がり，製品価格に反映することができる。 ■新たな資料を追加し，東ヨーロッパへの日系企業の進出が増加している別の要因を読み解く。 資料４　東ヨーロッパに進出した日系企業の業種 資料５　ある企業の東ヨーロッパに進出した事業所の設置目的 ・新しい市場としての期待。	●資料を順番に示し，東ヨーロッパへの日系企業の進出の要因を読み解かせる。 ◇日系企業が東ヨーロッパに進出した複数の要因を，様々な資料を基に，思考・判断し，議論する中から，導き出すことができる。
終末 ５分	■これまでの学習を踏まえ，これからの東ヨーロッパ諸国と日本の関係についてまとめる。 ・授業でのグループ協議や学級での共有を参考に個人でまとめる。	●イメージにとらわれることなく，様々な資料から読み取ることで，地域間の結び付きの多様性に気づき，思考が広がることを伝える。

〔参考文献〕

荒井良雄，加賀美雅弘，佐藤哲夫，小島泰雄，小口高，堤純，仁平尊明，大山修一，松本淳（2020）：『高等学校新地理Ａ』帝国書院（平成28年３月18日検定済，令和２年１月20日発行）.

福井朋美（2013）：日本企業の進出状況から EU 諸国の特色を考える，地理月報 No. 531.

ロバート・ゲスト著・伊藤真訳（2008）：『アフリカ苦悩する大陸』東洋経済新報社.

（高木　優）

3　地理総合の実践 2 －買い物弱者の問題から持続可能な地域を考える－

3.1　持続可能な地域とは

大項目Ｃ「持続可能な地域づくりと私たち」は，「地図や地理情報システムで捉える現代世界」，「国際理解と国際協力」の学習成果を踏まえ，国内外の防災や生活圏の地理的な課題を主な学習対象とし，地域性を踏まえた課題解決に向けた取組の在り方を構想する学習などを通して，持続可能な地域づくりを展望することを主なねらいとしています。

ところで「持続可能な地域」とはどのようなものでしょうか。広井良典『人口減少社会のデザイン』では，ドイツの地方都市の例が挙げられています。ドイツでは都市の中心部において自動車交通を抑制し，「歩いて楽しめる」まちづくりがなされており，中心部がにぎわいを見せているのが印象的であるといいます。そして，「日本において広く見られる地方都市の空洞化や，“シャッター通り”化，農村の過疎化等といった問題は，しばしば言われるように『人口減少社会』それ自体が原因なのでは決してない。むしろそれは人がどう住み，どのようなまちや地域を作り，またどのような公共政策や社会システムづくりを進めるかという，政策選択や社会構想の問題なのだ」と述べています。高田（2011）もドイツ・フライブルク市ヴォーバン地区における住民参加によるまちづくりを「持続可能な都市化」の事例として取り上げています。

本節では中項目（2）「生活圏の調査と地域の展望」について解説します。この単元では，持続可能な社会づくりを担う新科目「地理総合」の集大成として，生活圏の具体的な課題を設定し，その課題の要因や解決策について考察し，地域の未来を展望します。生徒の社会参画を促す授業づくりの工夫が求められます。

3.2　授業づくりの要点

中項目（2）「生活圏の調査と地域の展望」では生活圏の地理的な課題を多面的・多角的に考察し，表現する力を育成するとともに，地理的な課題の解決や探究する手法などを理解できるようにすることが求められています。

そこで，ここでは新潟県長岡市（人口約27万人）の中心部における買い物弱者の問題を主題とし，その要因や解決策について考察・構想する授業案を示します。「買い物弱者」とは，経済産業省（2014）によれば「住んでいる地域で日常の買い物をしたり，生活に必要なサービスを受けたりするのに困難を感じる人たちのこと」を指します。また農林水産省（2020）は「店舗まで500m 以上かつ自動車利用困難な65歳以上高齢者」を「アクセス困難人口」とし，2015年では全国で825万人いると推計しています。

筆者の勤務校は長岡市の中心市街地の周縁部に位置しています。この地域に住む知人の女性から，「この地域は買い物弱者が多い」という話を聞きました。なぜこの地域には買い物弱者が多いのでしょうか。また，どのようにしたら解決できるのでしょうか。

まずは地域の成り立ちについて学びます。人口グラフから，第二次世界大戦後はベビーブームや市町村合併を経て人口が増加してきたこと，近年は停滞・減少傾向にあることが読み取れます。次に新旧地形図の比較を行い，中心市街地の変化について読み取ります。長岡市は城下町として発展し，中心市街地は城のあった長岡駅周辺に広がっています。近年は信濃川の東西を結ぶ橋やバイパス道路が整備されたことなどから，長岡駅のある川東地区に対して川西地区の発展が著しく，郊外化が進んでいることがわかります。

その上で地域が抱える課題について，生徒自身に考えさせ，設定させます。ここでは，「長岡市中心部に買い物弱者が多いのはなぜだろうか。どのようにしたら解決できるのだろうか」という課題を生徒が設定したとします。

事前調査では，実際に長岡市のどこで買い物弱者が多いのか，地図の作成を通して考察します。ここでは岩間（2017）を参考に，地図上に長岡市内の主なスーパーの位置を示し，そこから500m 圏の円を描いてみます。すると，円が重なるようにスーパーが多く立地している地区がある一方で，ぽっかりと空白地帯になる地区があることがわかります。次に e-Stat「地図で見る統計（統計 GIS）」を利用して，小地域（町丁・字等）ごとの65歳以上の人口割合を示す階級区分図を作成します。この２つの地図を見比べてみると，長岡駅を中心とする中心市街地やその周辺には高齢者が多く，かつ近隣にスーパーがない地区がみられることがわかります。この地区が長岡市中心部において買い物弱者が多く存在する地区であると推測できます。周辺10町村との平成の大合併により誕生した現在の長岡市は，山間部から海岸部にいたる広大な市域を持っています。「生活圏内や生活圏外との結び付き」に着目し，長岡市内の他の地域と比較したり，新潟県内の他の市町村や全国で人口が同規模の市町村と比較したりすると，長岡市中心部における課題がより明確になってくることでしょう。

その後，調査計画を立て，現地調査に出かけます。ここでは長岡市最大の商店街である長岡駅前の大手通商店街の景観観察や，スーパー，コンビニエンスストアなどでの聞き取りを行います。毎月，五と十のつく日には六斎市である五十の市が開催されており，青果店などの露店が立ち並びます。買い物をしている人の年齢層，住んでいる地区，買い物の際の交通手段，利用者が不便に感じていることなど，事前に生徒自身に聞き取り項目を考えさせられるとよいでしょう。

最後にこれまでの調査でわかったことをまとめ，買い物弱者問題の要因及び解決策を考察させ，今後の地域の姿を展望させます。モータリゼーションや郊外化の進展により，幹線道路沿いにショッピングセンターや大型スーパーが多く進出する一方で既存の商店街が衰退し，地域の小売店が閉店していったこと，同時に中心市街地の高齢化が進んでいることなど，要因についてまとめます。解決策としては，宅配，買い物の場の開設，移動販売，買い物バスの運行など，様々なことが挙げられます。しかし，これらの買い物弱者支援策はすでに多くの地域で行われているものの，利用者が少なく採算が合わないなどの問題を抱えている場合も多いようです。買い物弱者やフードデザート問題について考える際には，直接的な買い物支援だけでなく，地域の住民同士の相互扶助が可能なコミュニティをどうつくっていくかということも重要な視点になることが指摘されています。

買い物弱者の問題を主題として取り上げるメリットとして，生徒にとって買い物は身近であること，実際に困っている人の姿をイメージしやすいことがあります。地域の課題を「自分ごと」として捉えることができ，主体的な学習，さらには社会参画につながると考えます。さらに買い物弱者の問題は，背景に中心市街地の衰退や高齢化があり，今後のまちづくりをどうするかということとも強く関わってきます。自ら自動車を運転できない点では高校生も高齢者も同じです。中心市街地の活性化や今後の地域づくりを考えるうえで，生徒の意見も欠かせないものです。買い物弱者という具体的な問題から出発して，その要因や解決策を考察させるだけでなく，持続可能な地域づくりをどのように進めていくか，それに生徒自身がどう関わっていくかに展開していきます。

3.3　単元計画等

・単元の目標

空間的相互作用や地域などに着目して，課題を探究する活動を通して，次の事項を身に付けることができるようにする。

・生活圏の調査を基に，地理的な課題の解決に向けた取組や探究する手法などについて理解する。
・生活圏の地理的な課題について，生活圏内や生活圏外との結び付き，地域の成り立ちや変容，持続可能な地域づくりなどに着目して，主題を設定し，課題解決に求められる取組などを多面的・多角的に考察，構想し，表現する。
・生活圏の地理的な課題について，主題を設定し，主体的に追究しようとする態度を養う。

・単元の評価規準

知識・技能	思考・判断・表現	主体的に学習に取り組む態度
・生活圏の調査を基に，地理的な課題の解決に向けた取組や探究の手法などについて理解している。	・生活圏の地理的な課題について，生活圏内や生活圏外との結び付き，地域の成り立ちや変容，持続可能な地域づくりなどに着目して，主題を設定し，課題解決に求められる取組などを多面的・多角的に考察，構想し，表現している。	・生活圏の地理的な課題について，主題を設定し，主体的に追究しようとしている。

・単元計画

時	・各時間の項目　■生徒の学習活動
1	・地域の成り立ち ■長岡市の発展について，人口グラフの読み取りを通して考える。 ■長岡市中心市街地の変化について，新旧地形図の比較を通して考える。
2	・課題の設定 ■調査してみたい生活圏の課題を設定する。 例）長岡市中心部に買い物弱者が多いのはなぜだろうか。 どのようにしたら解決できるのだろうか。
3 4	・事前調査 ■長岡市史などの書籍やインターネットで入手した資料から情報収集を行う。 ■ GIS を利用して買い物弱者の分布について考える。 ■長岡市内の他地域や，新潟県内の他市町村・全国の市町村と比較する。 ■調査計画を作成する。
5 6	・現地調査 ■大手通商店街の景観観察を行う。 ■スーパー・コンビニエンスストア・五十（ごとう）の市などで聞き取り調査を行う。
7	・整理・分析 ■現地調査でわかったことをまとめる。 ■なぜ買い物弱者が多いのか，グループごとに話し合う。
8 本時	・まとめ ■買い物弱者の問題について，解決策をまとめ，発表する。 ■持続可能な地域づくりについて考える。

・本時の評価基準

	A（十分に満足できる）	B（おおむね満足できる）	Bに到達させるための支援
思考・判断・表現	買い物弱者問題の解決策について，複数の視点から考察・構想し，表現できている。	買い物弱者問題の解決策について，1つの視点から考察・構想し，表現できている。	事前調査でわかったことや現地調査で聞き取ったことなどを振り返らせ，具体的な解決策を考察できるよう，支援する。

3.4　本時の展開例

時	■学習活動　・予想される生徒の反応	●指導・支援　◇評価
導入 5分	■これまでの学習内容と，設定した課題について確認する。	●調査結果の整理・分析を踏まえ考察するように促す。
展開 ① 25分	■買い物弱者の問題について，解決策を考える。 ・地域の空き店舗等を利用して曜日限定の食料品店を開店する。 ・買い物バスや買い物タクシーを運行する。 ・生協やネットスーパーについて情報提供する。 ・コンビニやドラッグストアで生鮮食料品の取り扱いを増やす。 ■各グループで考えた解決策を発表し，まとめる。	●グループワークでは他者のアイデアを否定しないようにし，多くの解決策が出るように促す。 ◇買い物弱者問題の解決策について，複数の視点から考察・構想し，表現できている。
展開 ② 15分	■持続可能な地域づくりについて考える。 ・中心市街地の活性化のためには，もっと若者を呼び込むような工夫が必要ではないか。 ・今後さらに高齢化が進展することが予想されるため，高齢者にとって住みやすいまちづくりについて考えていく必要がある。	●持続可能な地域づくりのために何が必要か考えさせ，地域の未来を展望させる。
終末 5分	■本時の学習内容を振り返る。	●地域は絶え間なく変化しており，生徒自身も地域づくりの重要な担い手であることに気づかせる。

(参考文献)

岩間信之編著（2017）：『都市のフードデザート問題―ソーシャル・キャピタルの低下が招く街なかの「食の砂漠」―』農林統計協会.

経済産業省（2014）：「買い物弱者・フードデザート問題等の現状及び今後の対策の在り方に関する報告書」（最終閲覧日2020年８月17日）.
https://www.meti.go.jp/policy/economy/distribution/kaimonojakusyashien.html

高田準一郎（2011）：ドイツ・ヴォーバン地区におけるまちづくり読解のための授業構成―「持続可能な都市化」の開発教材―．中山修一・和田文雄・湯浅清治編『持続可能な社会と地理教育実践』古今書院，pp. 137-147.

農林水産省（2020）：「食料品アクセス（買い物弱者・買い物難民等）問題ポータルサイト（最終閲覧日2020年８月17日）.
https://www.maff.go.jp/j/shokusan/eat/syoku_akusesu.html

広井良典（2019）：『人口減少社会のデザイン』東洋経済新報社.

（中野理恵）

第10章　地理歴史科歴史の学習

―本章の概要―

本章では高等学校地理歴史科の中の歴史科目である「歴史総合」「日本史探究」「世界史探究」について，まず学習指導要領の内容・ポイントを中心に説明をして，次いで「歴史総合」の具体的な指導案を２つ示します。

1　地理歴史科歴史の学習指導要領の内容・ポイント

1.1 「歴史総合」「日本史探究」「世界史探究」の目標構成

高等学校地理歴史科の歴史科目については，必修科目「歴史総合」（２単位）を履修したのちに選択科目「日本史探究」・「世界史探求」（いずれも３単位）を履修することになっています。

歴史科目の目標を，柱書から見ていきます。歴史の３科目の柱書は共通しています。次のとおりです（下線は引用者。以下，同じ）。

【地理歴史科歴史の３科目における目標の柱書】
社会的事象の歴史的な見方・考え方を働かせ，課題を追究したり解決したりする活動を通して，広い視野に立ち，グローバル化する国際社会に主体的に生きる平和で民主的な国家及び社会の有為な形成者に必要な公民としての資質・能力を次のとおり育成することを目指す。

歴史科目の目標の柱書は，地理歴史科・公民科の教科の目標そして地理科目・公民科目の目標とほぼ共通しています。冒頭にある「社会的事象の歴史的な見方・考え方」の部分が歴史科目としての視点の特徴を示しています。「社会的事象の歴史的な見方・考え方」については第７章の中学校社会科歴史的分野で説明したものと基本的に同じです。育成を目指す「公民としての資質・能力」は小中高で一貫した目標です。小中ではその「基礎」の育成とされています。これまで「公民的資質」として幅広く社会科教育の目標とされてきた「国家及び社会の有為な形成者」の育成がここに引き継がれています。

次に三つの資質・能力に関わるそれぞれの目標を見ていきます。3科目で共通する部分と相違する部分に注意して下さい（下線は相違する部分です）。

【地理歴史科歴史の各科目の（1）「知識及び技能」の目標

歴史総合

近現代の歴史の変化に関わる諸事象について，世界とその中の日本を広く相互的な視野から捉え，現代的な諸課題の形成に関わる近現代の歴史を理解するとともに，諸資料から歴史に関する様々な情報を適切かつ効果的に調べまとめる技能を身に付けるようにする。

日本史探究

我が国の歴史の展開に関わる諸事象について，地理的条件や世界の歴史と関連付けながら総合的に捉えて理解するとともに，諸資料から我が国の歴史に関する様々な情報を適切かつ効果的に調べまとめる技能を身に付けるようにする。

世界史探究

世界の歴史の大きな枠組みと展開に関わる諸事象について，地理的条件や日本の歴史と関連付けながら理解するとともに，諸資料から世界の歴史に関する様々な情報を適切かつ効果的に調べまとめる技能を身に付けるようにする。

【地理歴史科歴史の各科目の（2）「思考力，判断力，表現力等」の目標】

歴史総合

近現代の歴史の変化に関わる事象の意味や意義，特色などを，時期や年代，推移，比較，相互の関連や現在とのつながりなどに着目して，概念などを活用して多面的・多角的に考察したり，歴史に見られる課題を把握し解決を視野に入れて構想したりする力や，考察，構想したことを効果的に説明したり，それらを基に議論したりする力を養う。

日本史探究

我が国の歴史の展開に関わる事象の意味や意義，伝統と文化の特色などを，時期や年代，推移，比較，相互の関連や現在とのつながりなどに着目して，概念などを活用して多面的・多角的に考察したり，歴史に見られる課題を把握し解決を視野に入れて構想したりする力や，考察，構想したことを効果的に説明したり，それらを基に議論したりする力を養う。

世界史探究

世界の歴史の大きな枠組みと展開に関わる事象の意味や意義，特色などを，時期や年代，推移，比較，相互の関連や現代世界とのつながりなどに着目して，概念などを活用して多面的・多角的に考察したり，歴史に見られる課題を把握し解決を視野に入れて構想したりする力や，考察，構想したことを効果的に説明したり，それらを基に議論したりする力を養う。

【地理歴史科歴史の各科目の（３）「学びに向かう力，人間性等」の目標】

歴史総合

近現代の歴史の変化に関わる諸事象について，よりよい社会の実現を視野に課題を主体的に追究，解決しようとする態度を養うとともに，多面的・多角的な考察や深い理解を通して涵養される日本国民としての自覚，我が国の歴史に対する愛情，他国や他国の文化を尊重することの大切さについての自覚を深める。

日本史探究

我が国の歴史の展開に関わる諸事象について，よりよい社会の実現を視野に課題を主体的に探究しようとする態度を養うとともに，多面的・多角的な考察や深い理解を通して涵養される日本国民としての自覚，我が国の歴史に対する愛情，他国や他国の文化を尊重することの大切さについての自覚を深める。

世界史探究

世界の歴史の大きな枠組みと展開に関わる諸事象について，よりよい社会の実現を視野に課題を主体的に探究しようとする態度を養うとともに，多面的・多角的な考察や深い理解を通して涵養される日本国民としての自覚，我が国の歴史に対する愛情，他国や他国の文化を尊重することの大切さについての自覚を深める。

下線を引いた３科目で相違する部分が各科目の性格を示しています。「歴史総合」は「近現代の歴史の変化に関わる諸事象」を，「日本史探究」は「我が国の歴史の展開に関わる諸事象」を，「世界史探究」は「世界の歴史の大きな枠組みと展開に関わる諸事象」をそれぞれ対象とします。各科目の具体的な内容構成については，後述します。

各科目で共通する点は高等学校での歴史教育のあり方の説明となります。（1）「知識及び技能」では，各科目が取り上げる歴史の諸事象についての幅広い側面からの「理解」と同時に，「諸資料」から情報を調査・整理する「技能」を求めています。（2）「思考力，判断力，表現力等」では，歴史の諸事象の「意味や意義，特色など」を，「時期や年代，推移，比較，相互の関連や現在（現代世界）とのつながりなど」という「社会的事象の歴史的な見方・考え方」の視点で捉えて，「概念」を活用した「考察」する力，「課題」の把握・解決を「構想」する力，その考察・構想を「説明」「議論」する力の育成を求めています。（3）「学びに向かう力，人間性等」では，各科目が取り上げる歴史の諸事象に関わって「課題」を主体的に「追究，解決」もしくは「探究」しようとする「態度」そして各種の自覚や愛情を深めることを求めています。

授業に関わって整理すると，生徒たちが「社会的事象の歴史的な見方・考え方」を活用して「諸資料」を基に歴史の「課題」（問い）に取り組む活動を通して様々な能力を養いつつ人間性を高めることで市民・国民として成長していく，そのような授業のあり方が示されています。

1.2 「歴史総合」「日本史探究」「世界史探究」の内容構成と課題（問い）

以下は，歴史科目の内容構成を表にしたものです。下線を引いたA，Bなどが大項目，その下の（1），（2）などが中項目となります。

【地理歴史科歴史の各科目の内容構成】

歴史総合

A　歴史の扉

（1）歴史と私たち　（2）歴史の特質と資料

B　近代化と私たち

（1）近代化への問い　（2）結び付く世界と日本の開国　（3）国民国家と明治維新　（4）近代化と現代的な諸課題

C　国際秩序の変化や大衆化と私たち

（1）国際秩序の変化や大衆化への問い　（2）第一次世界大戦と大衆社会　（3）経済危機と第二次世界大戦　（4）国際秩序の変化や大衆化と現代的な諸課題

D　グローバル化と私たち

（1）グローバル化への問い　（2）冷戦と世界経済　（3）世界秩序の変容と日本　（4）現代的な諸課題の形成と展望

日本史探究

A　原始・古代の日本と東アジア

（1）黎明期の日本列島と歴史的環境　（2）歴史資料と原始・古代の展望　（3）古代の国家・社会の展開と画期（歴史の解釈，説明，論述）

B　中世の日本と世界

（1）中世への転換と歴史的環境　（2）歴史資料と中世の展望　（3）中世の国家・社会の展開と画期（歴史の解釈，説明，論述）

C　近世の日本と世界

（1）近世への転換と歴史的環境　（2）歴史資料と近世の展望　（3）近世の国家・社会の展開と画期（歴史の解釈，説明，論述）

D　近現代の地域・日本と世界

（1）近代への転換と歴史的環境　（2）歴史資料と近代の展望　（3）近現代の地域・日本と世界の画期と構造　（4）現代の日本の課題の探究

世界史探究

A　世界史へのまなざし

（1）地球環境から見る人類の歴史　（2）日常生活から見る世界の歴史

B　諸地域の歴史的特質の形成

（1）諸地域の歴史的特質への問い　（2）古代文明の歴史的特質　（3）諸地域の歴史的特質

C　諸地域の交流・再編

（1）諸地域の交流・再編への問い　（2）結び付くユーラシアと諸地域　（3）アジア諸地域とヨーロッパの再編

D　諸地域の結合・変容

（1）諸地域の結合・変容への問い　（2）世界市場の形成と諸地域の結合　（3）帝国主義とナショナリズムの高揚　（4）第二次世界大戦と諸地域の変容

E　地球世界の課題

（1）国際機構の形成と平和への模索　（2）経済のグローバル化と格差の是正
（3）科学技術の高度化と知識基盤社会　（4）地球世界の課題の探究

「歴史総合」は，日本史と世界史を融合した近現代史を学ぶ必修の新科目です。「歴史の扉」の学習を導入として，現在につながる歴史の大きな変化となる「近代化」，「国際秩序の変化や大衆化」，「グローバル化」を軸として学習していって，「現代的な諸課題の形成と展望」にまとめつつ，「日本史探究」と「世界史探究」の学習につなげていきます。

「日本史探究」は，原始・古代から近現代までの日本史を学習して「現代の日本の課題の探究」にまとめていきます。大項目にある東アジア，世界，地域という言葉にも注意して下さい。単に日本という国家の歴史ではなく，各地域・日本・東アジア・世界を貫いた視点が大切です。

「世界史探究」は，「世界史へのまなざし」を導入として，世界の「諸地域」の歴史的展開について「歴史的特質の形成」，「交流・再編」，「結合・変容」を通して学び，現代にあたる「地球世界の課題」でまとめていく学習になっています。

「日本史探究」と「世界史探究」は，「歴史総合」を学習した上で進められる科目です。いずれも「探究」という言葉が付されている点に注意して下さい。

歴史の学習を進める中で重要な点は，「課題」（問い）にあります。例えば，「世界史探究」の大項目「A世界史へのまなざし」の中項目「（2）日常生活から見る世界の歴史」の小項目の記載内容を整理すると下記のようになります。

【「世界史探究」の「A世界史へのまなざし」の「（2）日常生活から見る世界の歴史」の記載内容】
衣食住，家庭，教育，余暇などの身の回りの諸事象を基に，諸事象の来歴や変化に着目して，主題を設定し，身の回りの諸事象と世界の歴史との関連性を考察し，表現して，私たちの日常生活が世界の歴史とつながっていることを理解する。

この中の「主題を設定し」とある部分が「課題」（問い）の設定に当たります。「基」にするもの，「着目」することが書かれているように，これらを参考にして，主題に関わる課題（問い）を立てて生徒に示します。生徒はこの課題（問い）に応じて資料を活用するなどして「考察し，表現」して「理解」していく流れになります。最終的には，生徒が自分で課題（問い）を設定して，自分で資料を集めて学習を進めていくというのが到達目標ですが，まずは教師が課題（問い）や資料を示して学習を促すのが基本となります。『解説』やその他の書籍には課題（問い）の多くの例が挙げられています。地域や学校の様子，生徒の興味・関心に応じ，加えて歴史研究の動向に目を配りながら考えていく必要があります。

地理歴史科歴史の学習で重要な点は，生徒が歴史を探究できる場面を教師がいかに設定できるかです。探究の素材になるのが資料となります。歴史学習における資料には，文字で書かれた史料をはじめ，遺跡・遺物，絵画，写真・映像，統計，地図など様々なものがあります。さらに，各種の実物，文学作品・映画，漫画，言い伝えなども活用されていますし，身の回りのモノ・コトを取り上げた授業も盛んです。これらの様々な資料から歴史授業として何を引き出せるのかを常に考えて下さい。そして，①資料から確認できる“事実”，②事実と事実との“関係”，③その出来事の“意味”や“価値”を，生徒が探究できる手立てを工夫して下さい。

中等社会科では市民としての批判的な精神を培うことが大切です。生徒があらゆることについて人類の歩んできた歴史を通じて多方面から考え直し，将来においてよりよい社会を創造していくことができるようになる。これが歴史学習の究極の目標です。この目標に毎回の授業をどのように結び付けていくかを常に念頭に置いて下さい。

次に，歴史総合における授業を例として２つ紹介します。本節で指摘したことがどのように具体化されているかに注目して下さい。

（茨木智志）

2　歴史総合の実践１－箱根駅伝と五大法律専門学校－

2.1 「問いの表現」を軸に置いた生徒の当事者意識を育む実践へ

「問いとは何か？」2018年版地歴『解説』における「２内容とその取扱い〈「歴史総合」の学習の構成〉」「⑤課題（問い）の設定と資料の活用」において，「歴史総合」では，学習全般において課題（問い）を設定し追究する学習が求められています。この学習において重要であるのは，第一に課題（問い）の設定であり，第二に課題（問い）の追究を促す資料の活用です。それらの前提を踏まえたうえで，大項目Ｂの「近代化と私たち」では，（1）「近代化への問い」，（2）「結び付く世界と日本の開国」，（3）「国民国家と明治維新」，（4）「近代化と現代的な諸課題」の４つの中項目から構成されています。本節では，（1）の単元の学習内容である学校教育を例に具体的な授業を展開します。この中項目では，中学校までの学習及び大項目Ａの学習を踏まえ，諸資料を活用して情報を読み取ったりまとめたりする技能を習得し，人々の生活や社会の在り方が近代化に伴い変化したことについて考察するための問いを表現することをねらいとしています。問いを表現するとは，近代化に伴い生活や社会が変化したことを示す資料から，情報を読み取ったりまとめたり，複数の資料を比較したり関連付けたりすることにより，生徒が興味・関心をもったこと，疑問に思ったこと，追究したいことなどを見いだす学習活動を意味しています。

生徒にとって学習への“切実さ”を持たせるために，今後のキャリアにとって身近な法律専門学校（大学）や大学スポーツ界を賑わす箱根駅伝を事例として扱うことで，生徒がより興味・関心を抱きながら「習得→活用→探究」のサイクルを促せると考えています。また，資料を活用したうえで「問いの表現」を軸にすることにより，より追究を促せることが期待できます。

また，「主体的・対話的で深い学び」の視点に基づき，生涯にわたって能動的（アクティブ）に学び続けること，つまり「自走する学習者」の育成のために教師はティーチャーでありながら，ファシリテーター，コーディネーターという役割を授業中はもちろん，授業外でも担うことが必要不可欠です。

2.2　授業づくりの要点

「質問づくり」をキーワードとして，教師から問いを投げかけ，その問いに対して主体的に思考するだけではなく，自らが問いを生み出せるような授業案を示します。また，デューイ（1957）の「いまやわれわれの教育に到来しつつある変革は，重力の中心の移動である。それはコペルニクスによって天体の中心が地球から太陽に移されたときと同様の変革であり革命である。このたびは子どもが太陽となり，その周囲を教育の諸々のいとなみが回転する。子どもが中心であり，この中心のまわりに諸々のいとなみが組織される。」という考えも一つの軸として，授業のあり方を示していきます。

「生徒が自ら問いを生み出し，なおかつ生徒が中心の授業」，本単元においては「近代教育史」という大きな枠組みから授業を構成します。2018年版地歴『解説』においては，「学校教育を取り上げた場合には，例えば，教師が，各国の識字率の変化を比較するグラフ，教育制度の変遷を示す資料，就学率など教育を受ける民衆の側の対応を示す資料などを提示し，教育が国民の義務となった理由，教育の普及が人々の考えや意識に与えた影響など，生徒が歴史的な見方・考え方を働かせて資料から情報を読み取ることができるように指導を工夫する。生徒は，それらの情報を読み取ったりまとめたりしながら，義務教育の普及と生活や社会の変容の関わりなどについて考察する。」とあるように，諸資料を活用し，生徒が歴史的な見方・考え方を働かせることが求められています。「⑤課題（問い）の設定と資料の活用」における「〈課題（問い）の設定の例〉」を参考にすると，本単元では表10–1のような課題（問い）を生み出すことが想定されます。

表10-1　本単元における課題（問い）の設定の例

課題（問い）の例	本単元における課題（問い）
時系列に関わる問い	【時期や年代】専修大学が誕生した時，日本社会はどのような時代だったのだろうか。 【過去の理解】当時なぜ多くの大学（専門学校）が誕生したのだろうか。
諸事象の推移に関わる問い	【変化と継続】大学が誕生したことにより何を変えようとしたのだろうか，何が変わったのだろうか，何が変わらなかったのだろうか。
諸事象の比較に関わる問い	【類似と差異】日本と諸外国の大学の誕生を比較すると，どのような共通点と相違点を見いだすことができるだろうか。 【意味や意義と特色（特徴）】大学の誕生は，当時どのような意味をもっていたのだろうか。
事象相互のつながりに関わる問い	【背景や原因】大学の誕生の背景にはどのような状況が存在したのだろうか。 【影響や結果】大学の誕生の結果，どのような変化が生じたのだろうか。
現在とのつながりに関わる問い	【歴史と現在】近代教育の普及と類似した現代の事象は何だろうか。 【歴史的な見通し，展望】近代教育の普及は，後の人々にどのような考えや課題をもたらすと考えられるか。 【自己との関わり】日本の教育制度の変遷について学ぶことは，あなたにとってどのような意味があると考えるか。

（2018年版地歴『解説』を参考に杉山作成）

また，「3指導計画の作成と指導上の配慮事項」「（3）近現代の歴史と現代的な諸課題との関わりの考察について（内容の取扱いの（1）のウ）」では，「近現代の歴史と現代的な諸課題との関わりを考察する際には，…などの観点から諸事象を取り上げ，近現代の歴史を多面的・多角的に考察できるようにすることとは，この科目において，現代的な諸課題の形成について近現代の歴史を理解する際の留意点を示している。現代的な諸課題は，政治や経済，社会，文化，宗教，生活など歴史を構成する様々な要素が複雑に関係している。それらの要素についての経緯を結ぶことで，近現代の歴史と現代的な諸課題の関わりを考察することにとどまらず，様々な要素を踏まえた観点をもって考察することが大切であることを示している。その際，公民科の必履修科目「公共」が設置されたことを踏まえ，公民科との関係に留意する。」とあります。そのうえで文化史という側面で「近代教育史」を取り扱い，近現代の歴史を多面的・多角的に考察できるようにするとともに，公民科との関係に留意しながら「五大法律専門学校」を題材として扱うことにより，法制史の観点からも学ぶことができる授業デザインをします。特に明治期の学制やフランス・イギリスの法制史などの観点を押さえることにより，歴史を同時代史的に比較してとらえることもできます。さらに，「(5) 活用する資料の選択について（内容の取扱いの（1）のオ)」では，「活用する資料の選択に際しては，生徒の興味・関心，学校や地域の実態などに十分配慮して行うこ

表10-2　主体的・対話的で深い学びを促すために活用できる手法例

手法	内容
(知識構成型) ジグソー法	テーマについて，複数の異なる視点で書かれている資料をグループに分かれて読み込み，自分なりに納得できた範囲で他のグループに説明し，交換した知識を組み合わせてテーマに対する理解を深め，テーマに関連する課題を解決する活動を通して学ぶ，協同学習のひとつです。
KP（紙芝居プレゼンテーション）法	A４サイズの紙に，伝えたいことをシンプルに書いて，黒板やホワイトボードなどに貼りながら説明をします。思考整理やプレゼンテーション能力の育成に効果があります。
VTS（Visual Thinking Strategy)	アート鑑賞を通して，「観察力」「批判的思考力」「コミュニケーション力」を育成する教育カリキュラム。鑑賞者はアート作品を見て，考え，意味を見出すプロセスを経験します。そして鑑賞者同士が互いの感想を語り合う対話形式をとります。
コーチング	コミュニケーションを通して人が本来持っている意欲と能力を引き出し，目標達成と，その先にある「個」としての自立をフォローする手法です。生徒との一対一の対話に有効です。
ファシリテーション	会議等の場で，発言や参加を促したり，話の流れを整理したり，参加者の認識の一致を確認したりする行為で介入し，合意形成や相互理解をサポートすることです。授業全体の学びを促すために有効なスキルです。

（杉山作成）

と。」とあります。そのような意味でも，箱根駅伝という生徒にとって切実さを持ちやすい題材から，「金栗四三・東京オリンピック・駅伝の歴史・大学の歴史」のような生徒が主体的に考察できるようなテーマを提示することにより，生徒が「自走する学習者」として育成するしかけをしていきます。

さらに，教材研究における内容の重視もさることながら，「主体的・対話的で深い学び」を促すためのさまざまな教育手法の活用も重要となります。“手段の目的化”に陥らないことに十分に配慮する必要はありますが，表10-2のような手法が活用できます。

以上のように，十分な教材研究をしながら内容の充実をはかるとともに，その内容の定着，生徒にとって「習得→活用→探究」の学びのプロセスが充実したものになるために教育手法を活用して，「自走する学習者」を育成できる歴史総合という授業のあり方を今後も研究していくことが求められます。

2.3　単元計画等

・単元の目標

近代教育の普及について理解し，日本と世界各国の変容について比較考察することを通じて，次の資質・能力を身に付けることができるようにする。
・義務教育の普及と生活や社会の変容の関わりなどについて考察するとともに，生徒が歴史的な見方・考え方を働かせて資料から情報を読み取る技能を身につけるようにする。
・近代教育の普及について，主体的・対話的で深い学びを促すために活用できる手法を活用しながら，多面的・多角的に表現する力を養う。
・教育の普及から，日本と世界各国の変容について，主体的に探究しようとする態度を養う。

・単元の評価規準

知識・技能	思考・判断・表現	主体的に学習に取り組む態度
・高等教育機関から教育の普及について多面	・日本の教育制度の変遷について十分に理解し	・日本の教育制度の変遷と高等教育機関から教育の普及

的・多角的に考察し，日本の教育制度の変遷について十分に理解している。	たうえで，高等教育機関から教育の普及について，他者と対話し，より一層考えを深めることができている。	について，高い当事者意識と主体性を持って学ぶことができている。

・単元計画

時	・各時間の項目　■生徒の学習活動
1 本時	日本の近代教育の普及 ■日本の教育制度の変遷について理解する。 ■高等教育機関から教育の普及について考える。
2	諸外国の近代教育の普及 ■高等教育機関の成り立ちについて把握する。 ■諸外国の高等教育機関の普及について理解する。
3	当時の日本と世界の社会情勢 ■近代教育が普及した当時の社会情勢について理解する。 ■日本と諸外国の社会情勢について比較考察する。
4	いまとこれからの日本と世界の教育 ■近代教育の普及から，いまとこれからの教育のあり方を考える。 ■他者に自分の考えを共有して相互理解を深めて新たな気づきを得る。

・本時の評価基準

	A（十分満足できる）	B（おおむね満足できる）	Bに到達させるための支援
思考・判断・表現	・日本の教育制度の変遷について十分に理解したうえで，高等教育機関から教育の普及について，他者と対話し，より一層考えを深めることができる。	・日本の教育制度の変遷について理解したうえで，高等教育機関から教育の普及について，他者と対話し，考えを深めることができる。	・日本の教育制度の変遷についてある程度理解したうえで，高等教育機関から教育の普及について，他者との対話からある程度自らの考えを深めることができるように支援する。

2.4　本時の展開例

時	■学習活動　・予想される生徒の反応	●指導・支援　◇評価
	■生徒（ペア）による前時の復習（紙芝居プ	●前時の復習をプレゼンする

導入 5分	レゼンテーション法によるプレゼン） ・傾聴姿勢を意識してクラスメートのプレゼンを聞き，評価する。	場づくりを意識させる。 ◇プレゼンはルーブリック表を生徒が記入し，パフォーマンス評価の一部とする。
展開 ① 20分	■本日のメインクエスチョン「専修大学はどのように誕生したのか？」共有（大学附属校のためキャリア教育を意識して親大学を例に挙げる） ■実物資料（映像資料）提示：専修大学が箱根駅伝に唯一優勝した際の映像 or 映画「学校をつくろう」を視聴。 ■パワーポイントによる本日の単元について講義 ・授業プリントに要点を記入しながら傾聴する。	●キャリア教育の視点を意識して，生徒が興味・関心を持ちやすいクエスチョンと資料を提示する。 ◇授業プリントの作業状況の確認。
展開 ② 25分	■ワーク（基本ペアワーク：ワーク内容に応じては個人／グループで実施）→ワーク（A）箱根駅伝と五大法律専門学校／ワーク（B）日本の大学Q＆A ・他者との対話を意識しながらペアワークを実施。 ・ワーク終了後，ペアで教員のもとにプリントを持参してチェックを受ける。 ■振り返りシート記入 ・メインクエスチョンへの自分なりの回答を記入。 ・本時の内容の定着をはかるために，確認テストを実施。 ・“質より量”で本時の内容をまとめる。 ・教員に自由なコメント（感想・質問・近況報告）を述べる。	●ワークの内容に対して，的確なコメントをするように意識する。 ◇ワークの内容を評価する。（3段階） ◇日本の教育制度の変遷について十分に理解したうえで，高等教育機関から教育の普及について，他者と対話し，より一層考えを深めることができる。
終末 5分	■振り返りシートを踏まえて，教員と生徒で一対一の対話で授業内容を振り返る。 ・生徒は教員からの質問や感想に対して率直なコメントを述べる。	●一対一で問答するために生徒の状況を的確かつ迅速に把握する。 ◇振り返りシートの記入内容を評価する。（3段階）

(参考文献)
天野郁夫（2009）：『大学の誕生（上）帝国大学の時代』中央公論新社.
生島淳（2011）：『箱根駅伝』幻冬舎.
及川俊浩・杉山比呂之編（2019）：『アクティブ・ラーニング実践集　日本史』山川出版社.
佐山和夫（2011）：『箱根駅伝に賭けた夢「消えたオリンピック走者」金栗四三がおこした奇跡』講談社.
専修大学の歴史編集委員会編（2009）：『専修大学の歴史』平凡社.
ダン・ロススティン，ルース・サンタナ著，吉田新一郎訳（2015）：『たった一つを変えるだけ：クラスも教師も自立する「質問づくり」』新評論.
デューイ著，宮原誠一訳（1957）：『学校と社会』岩波書店.
村上一博（2020）：『権利自由の揺籃－明治法律学校の建学の精神－』DTP 出版.

（杉山比呂之）

3　歴史総合の実践2－「構想」を意識した歴史教育－

3.1 「構想」の授業で生徒に身に付けさせたい力とは？

新科目「歴史総合」に限らず，2018年版の地理歴史科の歴史系科目では「社会的事象の歴史的な見方・考え方」を働かせた学習活動が求められています。つまり，地理歴史科は，社会的事象を多面的・多角的に見たり考えたりする目的を持って，ある学習では地理というフィルターを通したり，別の学習では日本史や世界史といったフィルターを通したりして学習する教科なのです。

歴史総合の大項目Ｄ「グローバル化と私たち」は，（1）グローバル化への問い，（2）冷戦と世界経済，（3）世界秩序の変容と日本，（4）現代的な諸課題の形成と展望の４つの中項目で構成されています。そして，身に付けるべき「思考力・判断力・表現力」は，大項目Ｄでも，ＢやＣと同様，（1）では「問いの表現」，（2）・（3）・（4）では「多面的・多角的な考察・表現」が求められています。ただ，Ｄの（4）では，加えて「主題についての構想」も求められます。この「構想」の学習で獲得すべき力について，2018年版地歴『解説』では，「現実社会において生徒を取り巻く多種多様な課題に対して，『それをどのように捉えるのか』，『それとどのように関わるのか』，『それにどのように働きかけるのか』といったことを問う中で，それらの課題の解決に向けて自分の意見や考えをまとめ，課題解決の在り方を問うことのできる力」と説明しています。つまり，生徒が獲得すべき力は，歴史学習により得られる力を超えた汎用的な資質・能力とでもいうものです。2018年版地歴『解説』では，これからの歴史教育について，常に「社会に開かれた教育課程」を意識して，それぞれの教科や科目の目標の達成を目指していく必要があるということを説いています。

ただ，歴史総合の終結部に求められる「構想」の学習は，終結部でいきなり投げ込めばよいというわけではありません。また，トピックスを連ねれば歴史総合の授業を作ることができるというわけでもありません。通年の学習指導において，常に終結部を意識して「本質的な問い」に取り組み続けて，初めて「構想」の学習が成立するのです。本節では，「構想」を意識した大項目Ｄの（２）の単元指導の例として，キューバ危機（1962年）におけるアメリカ合衆国のジョン・Ｆ・ケネディ大統領，ソビエト連邦のニキタ・フルシチョフ首相，そしてキューバ共和国のフィデル・カストロ首相という３人のアクターとそのブレーンたちの動向を辿り，「キューバ危機」という歴史的な事象の背景や原因，結果や影響などに着目して，国際協調のあり方を追究する教材を示します。

3.2　授業づくりの要点

「キューバ危機の究極的な教訓は，我々自身が他国の靴をはいてみる，つまり相手国の立場になってみることの重要さである」，この言葉は，ケネディ大統領の実弟で，ケネディ政権の司法長官でもあったロバート・ケネディの回顧録『13日間』にある言葉です。この教材では，生徒に，自己と他者の立場の違いを認識して，自己の立場から他者の立場を考察させることを目的とします。

本教材（全3時）の第1時は，冷戦体制の構造についてです。日本やドイツといった枢軸諸国は，第二次世界大戦後，連合国軍に占領されました。筆者の勤務校は，東京の西郊の多摩地域に所在します。多摩地域は，立川陸軍飛行場や多摩陸軍飛行場（後の米軍横田基地）が立地した地域でした。終戦後両飛行場は米軍に接収され，立川も横田も「米軍基地の町」となりました。授業では，多摩地域にあった英語表記の道路標識の写真を見て，日本が連合国の占領を受けた事実に気付くことから始めます。他方ドイツも，連合国に占領されました。ナチス政権崩壊後，中央政府が消滅していたドイツでは，連合国4か国軍（米・英・仏・ソ連）が分割して占領しました。授業では，ドイツ及び首都ベルリンの占領地図を示し，同じ旧枢軸国の日本とドイツでの占領政策の違いを比較します。生徒は，日本が実質的に単独占領だったのに対して，ドイツ全域が分割占領され，西ベルリンが島のように孤立していた事実を理解します。

東西冷戦の対立が激化する1948年，西側陣営の占領地では経済再建のため通貨改革が行われましたが，対独戦で多大な犠牲を払ったソ連は，ドイツから賠償を受けようと西側諸国と鋭く対立します。そこでソ連は，同年6月，西ベルリンの陸上交通を遮断するベルリン封鎖を行いました。生活物資が枯渇する西ベルリンの人々に対して，アメリカを中心とする西側諸国は物資を空輸して，約12か月に及ぶこの封鎖を乗り切りました。しかし，ベルリン封鎖に際して，なぜソ連は空路も閉鎖しなかったのでしょうか？　授業では，この問いを生徒のグループワークで解決します。結論としては，空路も封鎖すれば両陣営間で核戦争が勃発する，そして全面核戦争となれば全人類が滅亡の危機に至ると，ソ連主脳も考えていたからです。冷戦体制は，パワーポリティクスの上に成立していた体制です。両陣営とも，牽制こそすれ，勢力均衡を破る「愚挙」など行い得なかったことを生徒は考察します。これが冷戦体制の構造です。

授業の第2時は，キューバ危機の背景についてです。ここでは，フルシチョフ，ケネディ，カストロの3者それぞれの立場の違いを理解させます。フルシチョフは，トルコに置かれていた米軍のミサイル基地に脅威を感じており，ソ連は，キューバに対して，援助の見返りにキューバ本土に核ミサイル基地を設置するよう求めます。カストロはこれを受け入れます。授業では，この3人の政治家の立場を確認した上で，キューバ危機における3人の政治家とそのブレーンたちの思惑，そして決定過程を考察していきます。

1962年10月16日の朝，ケネディのもとにキューバにソ連のミサイル基地が建設されているとの報告がありました。彼は，政府と軍の高官を招集して「エクスコム」と呼ばれる秘密会議を開催しました。ちなみに，エクスコム開催直後，ケネディはどのような行動をとったのでしょうか？　授業では，ワークシートで生徒に考察させます。生徒の回答は色々あるでしょう。ただ，実際のケネディの行動は，意外にも「予定通り選挙の遊説に出張し会議を欠席する」でした。そうすれば，情報が漏れませんし，大統領への忖度や反発で大切な意見が出ない危険も防げるからです。その上でケネディは，記録のため会議の全ての録音を命じます。この決断は，決定に至る大切なプロセスを教えてくれますね。

ほぼ徹夜の会議の中で，翌日には方向性が3方向に収斂しました。第1案はキューバに何らかの軍事攻撃をする，第2案は海上封鎖をする，第3案は何もしない，というものでした。このうち，アメリカにとって最も危険性が高いのはどの案でしょう？　もちろん，第1案です。では，次に危険性が高いのはどの案でしょう？　実は，実際に選択された第2案，海上封鎖なのです。第3案のように何もせず，キューバのミサイル基地が完成したとしても，パワーポリティクスの原理でいえばアメリカ本土が核攻撃される危険性は殆どないでしょう。しかし，キューバに向かうソ連の貨物船には原子力潜水艦が護衛していますし，貨物船を監視する米軍機にも核兵器が搭載されています。つまり，海上封鎖は，核戦争と背中合わせの選択だったのです。この後，ケネディは，22日夜のテレビ演説で海上封鎖の選択を国民に語り掛けます。ケネディとそのブレーンは，なぜ危険な選択を行ったのでしょうか？　それは，国民と軍幹部の威信を傷つけないためでした。もし，ケネディが第３案を選択したら，彼は軍からも国民からも支持を失います。ケネディにとって，対外的・国内的にぎりぎりの選択が海上封鎖だったのです。授業では，ワークシート学習とペアワークを組み合わせて考察に取り組みます。

授業の第３時は，キューバ危機の展開と国際協調についてです。23日以降，アメリカは，キューバに向けたソ連の船舶に対する海上封鎖を実行に移しました。緊張は高まります。そのような中，26日，フルシチョフから２通の矛盾する書簡がケネディのもとにもたらされます。１通目はキューバの安全と引き換えにミサイル基地を無条件で撤去するというもの，２通目はトルコの米軍基地の撤去と引き換えに，キューバのソ連基地を撤去するという交換条件付きのものでした。ホワイトハウスでは困惑します。どのように回答するか検討していた10月27日正午，ホワイトハウスにアメリカのＵ２偵察機がキューバ上空で撃墜されたというニュースがもたらされます。両国政府は，全面戦争を覚悟します。アメリカのマクナマラ国務長官は，「この日が生涯最後の日になると覚悟した」と回想していますし，フルシチョフも「妻にただちにモスクワから脱出するよう電話した」と回想しています。では，ケネディはどのような選択をしたのでしょうか？　同日16時，彼は１通目のフルシチョフ書簡の受諾を回答した上で「報復攻撃は行わない」と表明します。あとはフルシチョフにボールが投げられたわけです。まさに緊張が高まる「暗黒の土曜日」でした。しかし，同日20時にフルシチョフが「翌28日朝９時にキューバのミサイル基地を撤去する」と回答します。そして，約束通りキューバのミサイル基地は撤去され，劇的に危機は回避されたのでした。授業では，この緊迫した状況を，当時の回想録や新聞，映像等を用いて把握し，国際協調について構想していきます。

3.3　単元計画等

・単元の目標

歴史的な事象の背景や原因，結果や影響などに着目して，課題を追究したり解決したりする活動を通して，次の資質・能力を身に付けることができるようにする。 ・冷戦体制の構造を理解するとともに，ベルリン封鎖についての資料を読み取り，効果的に調べまとめる技能を身に付けるようにする。 ・歴史的な事象の背景や原因，結果や影響などに着目して，キューバ危機における選択の本質について，多面的・多角的に考察し表現する力を養う。 ・国際対立の解決に向けて，主体的に追究しようとする態度を養う。

・単元の評価規準

知識・技能	思考・判断・表現	主体的に学習に取り組む態度
・第二次世界大戦後の冷戦体制の構造について理解している。 ・キューバ危機の展開について，新聞や資料等を正確に収集，選択しようとしている。	・冷戦体制の構造について多面的・多角的に考察している。 ・国際社会の変化を踏まえた上でキューバ危機に至る過程を公正に判断し，その過程や結果を適切に表現している。	・キューバ危機の展開を踏まえて，冷戦体制ならびに国際協調における課題の解決を，主体的に追究しようとしている。

・単元計画

時	・各時間の項目　　■生徒の学習活動
1	・冷戦体制の構造 ■ベルリン封鎖を中心に，冷戦体制の構造を理解する。
2 本 時	・キューバ危機の背景 ■キューバ危機における3人のアクターとその立場の違いを理解する。
3	・キューバ危機の展開と国際協調 ■キューバ危機における危機回避が，それぞれの選択の組み合わせによってなされたことを理解する。

・本時の評価基準

	A（十分満足できる）	B（おおむね満足できる）	Bに到達させるための支援
思考・判断・表現	・第二次世界大戦後の冷戦体制の構造およびキューバ危機の展開について，多面的・多角的に考察し，論拠をもって適切に表現し，国際協調について構想することができる。	・第二次世界大戦後の冷戦体制の構造およびキューバ危機の展開について，多面的・多角的に考察し，論拠をもって適切に表現することができる。	・ベルリン封鎖およびキューバ危機におけるそれぞれのアクターの立場を具体的に理解させ，それぞれが諸条件の中でどのような選択をし得るのか，具体的に思考できるよう支援する。

3.4　本時の展開例

時	■学習活動　　・予想される生徒の反応	●指導・支援　◇評価
導入 5分	■第二次世界大戦後の冷戦体制が，パワーポリティクスの上に成立していたことを理解する。	●冷戦体制の概要を想起させる。
展開 ① 20分	■キューバ危機における3人のアクター（ケネディ・フルシチョフ・カストロ）について，次の①～③の立場を有していたことを理解する。 ①ケネディ…覇権国家アメリカの若き指導者であり冷戦体制の中でフルシチョフと対峙していた。 ②フルシチョフ…軍事的にも経済的にもアメリカの後塵を拝していたソ連を率い，外交を少しでも有利に展開させようとしていた。 ③カストロ…キューバ革命後，アメリカに代わる後ろ盾をソ連に求めようとしていた。 ■エクスコム開催直後のケネディの行動を考える。 ・強いリーダーシップを発揮する。 ・出席者の意見をよく聞き，判断の参考にす	●3人のアクターのそれぞれの立場から，他者の立場を考えさせる。 ◇「会議を欠席する」という決断の意味を多角的に考察

	る。	できる。
展開 ② 20分	■エクスコムの議論を整理して，キューバ危機における決定の本質について考える。 ・キューバへ軍事攻撃を仕掛けたら，全面戦争に至る可能性が高い。 ・対応を何もしなかったとしても，アメリカ本土が核攻撃される可能性はほとんどないだろう。 ・海上封鎖をして，もしアメリカ空軍機とソ連潜水艦が戦闘状態になったら，戦争になってしまうだろう。 ■ケネディとそのブレーンたちは，なぜ海上封鎖を選択したのだろうか。 ・軍と国民の威信を傷つけない選択で，またソ連との「対話」を導くための賭けともいえる選択でもあった。	●生徒の気付きや思考を見出し，意見交流に生かす。 ◇キューバ危機におけるそれぞれのアクターの立場を，多面的・多角的に考察し，論拠をもって適切に表現することができる。
終末 5分	■本時の学習内容を振り返る。 ・海上封鎖は決して「安全」な選択ではなかった。	●意見交換の内容を整理する。

（参考文献）

グレアム・アリソン著，宮里政玄訳（1977）：『決定の本質　キューバ・ミサイル危機の分析』中央公論新社.

テッド・ウィドマー編，鈴木淑美ほか訳（2013）：『ジョン・F・ケネディ　ホワイトハウスの決断』世界文化社.

ニキタ・フルシチョフ著，タイムライフブックス編集部訳（1972）：『フルシチョフ回想録』タイムライフインターナショナル.

マイケル・ドブズ著，布施由紀子訳（2010）：『核時計零時1分前　キューバ危機13日間のカウントダウン』日本放送出版協会.

ロバート・ケネディ著，毎日新聞社外信部訳（2001）：『13日間　キューバ危機回顧録』中央公論新社.

（大木匡尚）

第11章　公民科の学習

―本章の概要―

本章では，高等学校公民科の目標構成と内容構成について説明します。具体的な授業案は，次節以降でお示しします。

1　公民科の学習指導要領の内容・ポイント

1.1　公民科の目標構成

公民科の目標も，他と同じように柱書として示された目標と，三つの資質・能力の柱に沿った目標から成り立っています。まず，柱書として示された2018年版公民『解説』を参考にして，目標について考えていきましょう。

> 社会的な見方・考え方を働かせ，現代の諸課題を追究したり解決したりする活動を通して，広い視野に立ち，グローバル化する国際社会に主体的に生きる平和で民主的な国家及び社会の有為な形成者に必要な公民としての資質・能力を次のとおり育成することを目指す。

この柱書は，前者と後者の二段階で構成されています。前者は，「社会的な見方・考え方を働かせ，現代の諸課題を追究したり解決したりする活動を通して」という部分です。「社会的な見方・考え方」は，社会的事象の意義を理解したり見出したり，社会にある課題を把握し解決策を構想したりするなどの探究的な学習活動を行う際の「視点や方法（考え方）」です。これらを働かせて資質・能力全体を育むことが今回の学習指導要領の大きなポイントになります。なお，公民科における「社会的な見方・考え方」は，公共における「人間と社会の在り方についての見方・考え方」，倫理における「人間としての在り方生き方についての見方・考え方」，政治・経済における「社会の在り方についての見方・考え方」を総称したものになります。後者は，「広い視野に立ち，グローバル化する国際社会に主体的に生きる平和で民主的な国家及び社会の有為な形成者に必要な公民としての資質・能力を次のとおり育成することを目指す」という部分です。小中学校の社会科の学習の成果をも活用して，「公民としての資質・能力」を育成することが述べられています。

次に，公民科で育成を目指す「資質・能力」について考えていきます。

（1）選択・判断の手掛かりとなる概念や理論，及び倫理，政治，経済などに関わる現代の諸課題について理解するとともに，諸資料から様々な情報を適切かつ効果的に調べまとめる技能を身に付けるようにする。
（2）現代の諸課題について，事実を基に概念などを活用して多面的・多角的に考察したり，解決に向けて公正に判断したりする力や，合意形成や社会参画を視野に入れながら構想したことを議論する力を養う。
（3）よりよい社会の実現を視野に，現代の諸課題を主体的に解決しようとする態度を養うとともに，多面的・多角的な考察や深い理解を通して涵養される，人間としての在り方生き方についての自覚や，国民主権を担う公民として，自国を愛し，その平和と繁栄を図ることや，各国が相互に主権を尊重し，各国民が協力し合うことの大切さについての自覚などを深める。

（1）は，「知識及び技能」についての内容です。公民科で学習する倫理，政治，経済などに関わる現代の諸課題を選択・判断するための概念や理論を習得する知識・理解の内容を示しています。なお，単に知識を理解するだけでなく，諸課題を解決するために，それらを活用することまで言及されています。また技能については，諸資料から，課題を解決するために必要な情報を，適切かつ効果的（客観的，説得的など）に収集し，読み取りまとめる技能を身につけることとされています。

（2）は，「思考力，判断力，表現力等」についての内容です。現代の諸課題について，事実を基に概念や理論などを活用して，多面的（学習対象としている社会的事象等自体が様々な側面をもつこと），多角的（社会的事象等を様々な角度から捉えること）に考察し，公正に選択・判断することが示されています。さらに，論拠となる資料等を適切に用いて他者に説明したり，お互いに意見を交換し合ったりすることで合意形成や社会参画に向けて解決策を構想したりすることなどが考えられます。

（3）は，「学びに向かう力・人間性等」，つまり，「態度」についての内容です。ここでは，（1）（2）などの学習の成果を活用して現代の諸課題を主体的に追究することや，意欲的に解決しようとする態度，「学びに向かう力，人間性等」を育成することを目指しています。

なお，公民科は，公共，倫理，政治・経済の各科目に分かれます。そして，それぞれに柱書としての目標と三つの資質・能力の沿った目標があります(表11-1)。

1.2　公民科の内容構成

公民科の内容は，公共，倫理，政治・経済の各科目と，それぞれの大項目と中項目等から成り立っています（表11-2)。

ここでは，公共を例にして考えていきます。

大項目Ａにおいて，他者と協働した当事者として国家・社会などの公共的な空間を作る存在であることを学ぶとともに，古今東西の先人の取組，知恵などを踏まえ，社会に参画する際の選択・判断するための手掛かりとなる概念や理論などや，公共的な空間における基本的原理を理解することにより，大項目Ｂ及びＣの学習の基盤を養うことを目指します。その際，倫理的主体として，行為の結果である「個人や社会全体の幸福を重視する考え方」や，行為の動機となる「公正などの義務を重視する考え方」を用いて，行為者自身の人間としての在り方生き方を探求するとともに，人間の尊厳と平等，個人の尊重，民主主義，法の支配，自由・権利と責任・義務など，公共的な空間における基本的原理について学習します。

次に大項目Ｂにおいて，法，政治，経済などの主体として必要な知識及び

表11-1　公民科各科目の目標構成

科目	柱書	三つの資質・能力に沿った目標
公共	人間と社会の在り方についての見方・考え方を働かせ，現代の諸課題を追究したり解決したりする活動を通して，広い視野に立ち，グローバル化する国際社会に主体的に生きる平和で民主的な国家及び社会の有為な形成者に必要な公民としての資質・能力を次のとおり育成することを目指す。	（1）現代の諸課題を捉え考察し，選択・判断するための手掛かりとなる概念や理論について理解するとともに，諸資料から，倫理的主体などとして活動するために必要となる情報を適切かつ効果的に調べまとめる技能を身に付けるようにする。 （2）現実社会の諸課題の解決に向けて，選択・判断の手掛かりとなる考え方や公共的な空間における基本的原理を活用して，事実を基に多面的・多角的に考察し公正に判断する力や，合意形成や社会参画を視野に入れながら構想したことを議論する力を養う。 （3）よりよい社会の実現を視野に，現代の諸課題を主体的に解決しようとする態度を養うとともに，多面的・多角的な考察や深い理解を通して涵養される，現代社会に生きる人間としての在り方生き方についての自覚や，公共的な空間に生き国民主権を担う公民として，自国を愛し，その平和と繁栄を図ることや，各国が相互に主権を尊重し，各国民が協力し合うことの大切さについての自覚などを深める。
倫理	人間としての在り方生き方についての見方・考え方を働かせ，現代の諸課題を追究したり解決に向けて構想したりする活動を通して，広い視野に立ち，人間尊重の精神と生命に対する畏敬の念に基づいて，グローバル化する国際社会に主体的に生きる平和で民主的な国家及び社会の有為な形成者に必要な公民としての資質・能力を次のとおり育成することを目指す。	（1）古今東西の幅広い知的蓄積を通して，現代の諸課題を捉え，より深く思索するための手掛かりとなる概念や理論について理解するとともに，諸資料から，人間としての在り方生き方に関わる情報を調べまとめる技能を身に付けるようにする。 （2）自立した人間として他者と共によりよく生きる自己の生き方についてより深く思索する力や，現代の倫理的諸課題を解決するために倫理に関する概念や理論などを活用して，論理的に思考し，思索を深め，説明したり対話したりする力を養う。 （3）人間としての在り方生き方に関わる事象や課題について主体的に追究したり，他者と共によりよく生きる自己を形成しようとしたりする態度を養うとともに，多面的・多角的な考察やより深い思索を通して涵養される，現代社会に生きる人間としての在り方生き方についての自覚を深める。

政治・経済	社会の在り方についての見方・考え方を働かせ，現代の諸課題を追究したり解決に向けて構想したりする活動を通して，広い視野に立ち，グローバル化する国際社会に主体的に生きる平和で民主的な国家及び社会の有為な形成者に必要な公民としての資質・能力を次のとおり育成することを目指す。	（1）社会の在り方に関わる現実社会の諸課題の解決に向けて探究するための手掛かりとなる概念や理論などについて理解するとともに，諸資料から，社会の在り方に関わる情報を適切かつ効果的に調べまとめる技能を身に付けるようにする。 （2）国家及び社会の形成者として必要な選択・判断の基準となる考え方や政治・経済に関する概念や理論などを活用して，現実社会に見られる複雑な課題を把握し，説明するとともに，身に付けた判断基準を根拠に構想する力や，構想したことの妥当性や効果，実現可能性などを指標にして議論し公正に判断して，合意形成や社会参画に向かう力を養う。 （3）よりよい社会の実現のために現実社会の諸課題を主体的に解決しようとする態度を養うとともに，多面的・多角的な考察や深い理解を通して涵養される，国民主権を担う公民として，自国を愛し，その平和と繁栄を図ることや，我が国及び国際社会において国家及び社会の形成に，より積極的な役割を果たそうとする自覚などを深める。

（2018年版公民『解説』を参考に中平作成）

技能や，思考力，判断力，表現力等を身につけます。ここでは，現代社会の諸課題について主題を設定し，合意形成や社会参画を視野に入れながら，Aで身につけた社会に参画する際の選択・判断するための手掛かりとなる概念や理論や，公共空間における基本原理を活用し，他者と協働してそれを追究したり論拠をもって表現したりするような活動を行います。主題の例としては，「法や規範の意義及び役割／多様な契約及び消費者の権利と責任／司法参加の意義／政治参加と公正な世論の形成／雇用と労働問題／財政及び租税の役割」などが示さています。なお，Bの（1）を事例にして，学習指導要領の読み解き方を例示します（a～eは第2章で付した記号)。情報の獲得の仕方や扱い方は，すべての主体に関係します。

表11-2　公民科の内容構成と主な視点・概念等

科目	大項目	中項目等	主な視点・概念	単位数等
公共	A　公共の扉	（1）公共的な空間を作る私たち （2）公共的な空間における人間としての在り方生き方 （3）公共的な空間における基本的原理	幸福，正義，公正，個人の尊重，自主・自律，人間と社会の多様性と共通性，民主主義，法の支配，自由・権利と責任・義務，寛容，希少性，機会費用，協働関係の共時性と通時性，比較衡量，適正な手続き，民主主義，配分，平和，持続可能性など	2単位・必修
	B　自立した主体としてよりよい社会の形成に参画する私たち	（1）主として法に関わる事項 （2）主として政治に関わる事項 （3）主として経済に関わる事項		
	C　持続可能な社会づくりの主体となる私たち			
倫理	A　現代に生きる自己の課題と人間としての在り方生き方	（1）人間としての在り方生き方の自覚 （2）国際社会に生きる日本人としての自覚	善悪，生死，徳，愛，共感，幸福，義務，正義，個人の尊厳，公正，寛容，存在，真理，聖，美，尊重，畏敬，創造，保全，自由，権利，責任，自立，協働，勤労，多様性，平和，持続可能性など	2単位・選択
	B　現代の諸課題と倫理	（1）自然や科学技術に関わる諸課題と倫理 （2）社会と文化に関わる諸課題と倫理		
政治・経済	A　現代日本における政治・経済の諸課題	（1）現代日本の政治・経済」 （2）現代日本における政治・経済の諸課題の探究	個人の尊厳，効率，公正，平等，委任，希少性，機会費用，選択，分業，交換，多様性と共通性，協調，比較衡量，民主主義，持続可能性など	2単位・選択
	B　グローバル化する国際社会の諸課題	（1）現代の国際政治・経済 （2）グローバル化する国際社会の諸課題の探究		

（2018年版公民『解説』を参考に中平作成）

a）主として法に関わる事項について，
b1）法や規範の意義及び役割，
b2）多様な契約及び消費者の権利と責任，
b3）司法参加の意義などに関わる現実社会の事柄や課題を基に，
c1）法，政治及び経済などの側面を関連させ，自立した主体として解決が求められる具体的な主題を設定し，
c2）憲法の下，適正な手続きに則り，法や規範に基づいて各人の意見や利害を公平・公正に調整し，個人や社会の紛争を調停，解決することなどを通して，
d）合意形成や社会参画を視野に入れながら，その主題の解決に向けて事実を基に協働して考察したり構想したりしたことを，論拠をもって表現すること。
e1）権利や自由が保障，実現され，社会の秩序が形成，維持されていくことについて理解すること。
e2）現実社会の諸課題に関わる諸資料から，自立した主体として活動するために必要な情報を適切かつ効果的に収集し，読み取り，まとめる技能を身に付けること。

最後に，大項目Ｃにおいて，共に生きる社会を築くという観点から課題を見いだし，これまでに育んできた社会的な見方・考え方を総合的に働かせ，その課題の解決に向けて事実を基に協働して考察，構想し，妥当性や効果，実現可能性などを指標にして，論拠を基に自分の考えを説明，論述します。これらの学習により，自立した主体として社会に参画するために必要な資質・能力の育成を目指します。

公共が高校の必履修科目となった現代的要請を踏まえて，「主題の設定と追究」，「解決策の提示」，「合意形成と社会参画」をうまく授業で展開する必要があります。

（中平一義）

2　公民科公共の実践１－個人の尊重と立憲主義－

2.1 「公共的な空間における基本的原理」－生徒に何を身につけさせたいのか－

2018年版「大項目Ａ　公共の扉」「（３）公共的な空間における基本的原理」では，次のように示されています。

> ア　次のような知識を身に付けること。
> （ア）各人の意見や利害を公平・公正に調整することなどを通して，人間の尊厳と平等，協働の利益と社会の安定性の確保を共に図ることが，公共的な空間を作る上で必要であることについて理解すること。
> （イ）人間の尊厳と平等，個人の尊重，民主主義，法の支配，自由・権利と責任・義務など，公共的な空間における基本的原理について理解すること。
> イ　次のような思考力，判断力，表現力等を身に付けること。
> （ア）公共的な空間における基本的原理について，思考実験など概念的な枠組みを用いて考察することを通して，個人と社会との関わりにおいて多面的・多角的に考察し，表現すること。

これについて，2018年版公民『解説』では，「日本国憲法の基礎にある考え方の理解を基に，各人の意見や利害の対立を捉え，それを公平・公正に調整するための基本的原理を考察し，表現」することが主たるねらいとされています。つまり，日本国憲法をはじめとした近代憲法の基本的な考え方を理解すること，利害の対立を公平・公正に調整する基本的原理を考察すること，の２点が求められています。基本的原理としては，「人間の尊厳と平等」，「個人の尊重」，「民主主義」，「法の支配」，「自由・権利と責任・義務」が例示されています。その中で「個人の尊重」については「人間の尊厳と平等，個人の尊重の原理が，人々が公共的な空間を作り，互いに協働する上で基礎となる条件であり，基本的人権の保障や法の支配を導くとともに，民主政治の究極の目標であることを理解できるようにすることが大切である」と記されています。

「個人の尊重」は日本国憲法第13条で記されています。第13条は包括的基本権とよばれ，憲法のなかでも極めて重要な条文です。この条文には，人間は何かを達成するための手段ではなく人間それ自体が価値をもつ「人格」であること，人間にはそれぞれに固有の存在意義がある「尊厳」ある者であること，人間は生まれながらに自由であること，等の意味が含まれています。このような憲法における「個人の尊重」についての基本的な考え方を実感をもって理解させることが必要になります。

2.2　授業づくりの要点

授業の導入では，藤子不二雄の短編マンガ『カンビュセスのくじ』を使います。この話の主人公は，アケメネス朝ペルシアの兵士サルクです。過酷な行軍で食糧が尽きた軍隊で10人１組のグループを作ってくじを引き，当たった１人を残り９人で食べることになりました。当たりを引いたサルクは仲間たちから逃げますが，その途中で未来へタイムスリップし，少女エステルに出会います。エステルは「23万年前に終末戦争が勃発した。シェルターに逃げ込んだわずかな人類が１万年の人工冬眠を繰り返し，宇宙の彼方へSOSを発信し続けている」といいます。食料がない中生き残った人々は１万年ごとにくじを引き，当たった人は残りの人の栄養になるということを23回繰り返してたのです。最後の一人がエステルでした。そして，エステルとサルクによってもう１回くじ引きが行われる，というストーリーです。この話をとっかかりとして，立憲主義について生徒と考えてみたいと思います。

生徒に考えさせたい第一の問いは，「（憲法は国家の最高法規で，統治の基本法というけれど）そもそもなぜ私たちは国家をつくるのか」というものです。この問いは，「私たちはなぜ協力するのか（なぜ協力して国家をつくるのか）」という社会契約にかかわる問いと，「私たちはなぜ政府をつくるのか（政府の統治に服するのか）」という統治契約にかかわる問いに分けられます。

「私たちはなぜ協力するのか」への回答としては，利益の増大，分業と交換による効率性の向上，多様性の確保があげられます。例えば，「朝起きてから学校に来て授業を受けるまでに，一人だけでやったことを挙げてみてください」と生徒にいうと，一人でできることはないことに気がつくでしょう。洗顔で使う水，学校に着ていく服，朝食の食料，通学で使う電車などあらゆるモノ・コトに他者が関わっています。人は一人で生きていくことはできませんし，協力し合うことで一人ではできないことができるようになります。協力し合うことで得られる利益が増大するといえるでしょう。また，分業と交換によって効用が改善され，効率性が実現します。例えば，機会費用や比較優位を考慮して，相対的にそれぞれが得意とすることを行い，成果を交換することで社会の効率性が向上します。その意味で，分業と交換をしてくれる相手がいないと自分が困ってしまいます。また，自分と特長が違う人と協力することで，自分の短所が補えます。これが多様性の確保です。こうした理由から，私たちは協力して社会をつくる必要があるのです。

「私たちはなぜ政府をつくるのか」への回答としては，秩序と信頼の維持，公共財の提供があげられます。「私たちはなぜ協力するのか」という問いで確認したように，本来は協力することが合理的です。しかし，「囚人のジレンマ」のように協力への裏切り行為をなくすことはとても難しいことです。そこで，社会の長期的な利益を守るために政府をつくり，法を定め，警察や裁判制度を整備し，違法行為に制裁や刑罰を科すことになります。また，公共財の提供については，「なぜ教室にはゴミが放置されるのか」を考えさせても面白いでしょう。掃除に積極的に取り組む生徒はなかなかいません。その理由は，フリーライダーが出現するからです。すなわち，教室という公共空間をきれいにする努力をする人と，そこから利益を得る人が一致せず，ただのりする人が現れるということです。そこで，教室の掃除をさせるために，誰が掃除当番かわかる清掃カードをつくり，教員が監督して掃除に来ない生徒に対して指導するということになります。このように，フリーライダーを許さず，公共の利益の供給管理を行い，負担を公平にし，秩序を維持するために政府がつくられていくのです。

生徒に考えさせたい第二の問いは，「なぜ民主主義社会においても憲法が必要なのか」です。そもそも，広義の立憲主義とは「政治権力を制約する思想やしくみ」のことです。様々な考え方や価値観をもつ人々がともに生きるために，立憲主義の考え方に基づいて憲法を制定して国家権力を制限し，国民の基本的人権を保障します。そして，権力の濫用から守るために国家権力を分けます。こうしたことから，フランス人権宣言には「権利の保障が確保されず，権力の分立が定められていないすべての社会は，憲法をもつものではない」と書かれています。近代立憲主義からすれば，個人の自由と公共的な決定を分けず，ある特定の生き方や考え方を正しいものとして人々に強制することは許されません。現代の多くの国では，政治的に物事を決めるときには民主主義の原理がとらえています。絶対的な君主がおらず，自分たちのことを自分たちで決める民主主義で，公私を分け人々の権利を保障することができるはずです。それにもかかわらず，なぜ憲法が必要なのでしょうか。

よく指摘される民主主義の問題点として，「多数者の専制」があります。多くの人の利益を実現するために，ある個人やある少数者に大きな犠牲を強いる危険を止めることができないという問題です。『カンビュセスのくじ』でいえば，サルクを犠牲にすることの是非を問う多数決がこれにあたります。そもそも，人々がなぜ協力するかというと，共同の利益を生み出し自分も幸せになれるからです。協力したにもかかわらず，利益は多くの他者が得て，自分はつらい思いをすることになっては協力する意味がありません。つまり，「自分のために適切な配慮がされること」が条件とならない限り，協力することはできないでしょう。この個人への配慮について，協力関係に入る前に約束をする必要があります。国家レベルでいうと，この約束を定めるものが社会契約であり，それに基づいて統治の基本原理を定めたものが憲法です。この約束の内容（協力する上で各人が求めることができる配慮の内容）が，人が人として当然に主張することができる基本的人権といえます。これらから，「なぜ民主主義社会においても憲法が必要なのか」に対する回答は，主権者である自分たちを拘束して多数者の専制を防ぎ，少数者の権利を守るためということになります。

民主主義の問題点と憲法の意味を踏まえて『カンビュセスのくじ』を考えると，「サルクの代わりに９人が生き残るのだからそれでよい」，あるいは「エステルの代わりに人類という種が生き残るのだからよい」と考えてはいけません。つまり，人は「誰かの役に立つための道具」ではなく，それぞれの人間に存在する意味があり，生きていることそのものが目的なのです。私たちは多様な存在で，価値観，性格，外見，生き方などがそれぞれ異なっています。このようなそれぞれの個性や考え方・生き方を尊重することを日本国憲法では「個人の尊重」という言葉で表現しています。ここから，立憲主義の現代的意味は「民主主義によって成立した政府といえども侵してはならない個人の尊重を憲法によって保障すること」といえます。

以上のような２つの問いを中心に，生徒が立憲主義について考える授業をつくっていきます。

2.3　単元計画等

・単元の目標

公共的な空間の基本的原理に着目して，課題を考察・表現したり追究したりする活動を通して，次の資質・能力を身に付けることができるようにする。
・個人の尊重と立憲主義など公共的な空間における基本的原理について理解する。
・個人の尊重と立憲主義など公共的な空間における基本的原理について，思考実験について考えたり憲法前文を作ったりする活動を通して，個人と社会との関わりに多面的・多角的に考察し，表現する。
・公共的な空間における基本的原理について主体的に追究しようとする態度を養う。

・単元の評価規準

知識・技能	思考・判断・表現	主体的に学習に取り組む態度
・個人の尊重と立憲主義など公共的な空間における基本的原理について理解している。	・公共的な空間における基本的原理について，思考実験や憲法前文をつくる活動を通して，個人と社会との関わりにおいて多面的・多角的に考察し，表現している。	・公共的な空間における基本的原理について主体的に追究しようとしている。

・単元計画

時	・各時間の項目　■生徒の学習活動
1	・「私たちはなぜ協力するのか」 ■社会契約の問いを考察する。
2	・「私たちはなぜ政府をつくるのか」 ■統治契約の問いを考察する。
3 本時	・「なぜ民主主義社会において憲法が必要なのか」 ■民主主義社会における立憲主義の意味を理解する。 ■憲法における「個人の尊重」の意味を理解する。
4	・「憲法前文をつくろう」 ■社会契約，統治契約，立憲主義の考え方を踏まえて憲法前文を作成する。 ■作成した憲法前文を「個人の尊重」という視点から評価する。 ■日本国憲法前文を分析する。

・本時の評価基準

	A（十分満足できる）	B（おおむね満足できる）	Bに到達させるための支援
思考・判断・表現	・民主主義社会における立憲主義の意味及び，個人の尊重の意味を記述できる。	・民主主義社会における立憲主義の意味を記述できる。	・「個人の尊厳と人格の尊重」の考え方をかみ砕いて提示することで個人の尊重の意味が理解できるように支援する。

2.4　本時の展開例

時	■学習活動　・予想される子どもの反応	●指導・支援　◇評価
導入 5分	■「カンビュセスのくじ」を読み，意見を言う。 ・サルクの代わりに9人が生き残るのだからそれでよい。 ・エステルの代わりに人類という種が生き残るのだからよい。 ・サルクは死にたくないと言っているのに，9人の意見で死なせるのは正しくない。 ・エステルやサルクの生死をくじで決めるのはよくない。	●「カンビュセスのくじ」は正しいと考えるか問いかける。 ●多数の人を助けるために少数を犠牲にするのは仕方ないという意見や，人の命を奪うことは許されないという意見など幅広く生徒の意見がでるように支援する。
展開 ① 15分	■民主主義を小学3年生にもわかるように説明する。 ・選挙。 ・学級会。 ・みんなで決める。 ■制度としての全会一致は望ましいのかを考える。 ・一人が反対すれば決まらないから望ましくない。 ・一人の意見が他のすべての意見に優先するから望ましくない。 ■「カンビュセスのくじ」を事例に，多数決による民主主義はつねに正しいのかを考える。 ・最大多数の最大幸福のためには犠牲はしかたない。 ・人の命に重みづけをすることになるためよくない。 ■誰かを犠牲にして，自分たちの幸せを追求する多数者を止められない「多数者の専制」が民主主義の一つの課題であることを理解する。	●端的に「みんなのことはみんなで決める」としてもよい。 ●みんなで決めるという民主主義の理想は「みんなのことはみんなの代表者の多数派が決める」という現実の制度になることを補足する。 ●多数者が広く薄く利益を得る一方，少数者が深刻な不利益を被る場合について補足する。

展開 ② 15分	■「人が互いに協力する条件は何か」について，「カンビュセスのくじ」，第1時，第2時の内容を思い出して考察する。 ・自分の言い分を聞いてもらえる。 ・多くの人のためだからといって，自分の権利が制限されない。 ・フリーライダーがでないように政府が秩序を維持する。 ■共に社会をつくる上での協力の約束を定めることが社会契約で，統治の基本原理を定めたものが憲法であることを理解する。 ■互いに協力する上で各人が求めることができる配慮の内容が，人が人として当然に主張することができる権利（基本的人権）であることを理解する。	●自分への配慮が条件となること，各人への配慮について協力する前に約束をする必要があること，この条件については多数決であっても自分の幸せに反するものは許されないことを補足する。 ●ホッブス，ロック，ルソーらの唱える社会契約説を紹介する。 ●日本国憲法には，人権について書かれている部分と今統治機構について書かれている部分があることを補足する。
終末 15分	■「個人の尊重」の意味を考察する。 ■「なぜ民主主義社会においても憲法が必要なのか」をワークシートに記述する。 ・民主主義による決定でも侵してはならない個人の尊重を憲法によって保障する必要があるから。 ■発表し，意見交換をする。	●個人の尊厳と人格の尊重について補足する。 ●日本国憲法第13条で「すべて国民は，個人として尊重される」とされていることを紹介し，社会のために個人があるのではなく，何よりもまず個人が尊重されることを補足説明する。 ◇民主主義社会における立憲主義の意味及び，個人の尊重の意味を記述できる。

（参考文献）

安西文雄，巻美矢紀，宍戸常寿（2011）：『憲法学読本』有斐閣．

土井真一（2017）：「第13条」，『注釈日本国憲法（２）　国民の権利及び義務（１）』有斐閣．

藤子不二雄（1987）：『藤子不二雄 SF 全短編　第１巻カンビュセスの籤』中央公論社．

（小貫　篤）

3　公民科公共の実践２－援助の在り方を考察させる経済教育－

3.1　自立した主体としてよりよい社会の形成に参画する私たち
－生徒に何を身につけさせたいのか－

大項目Ｂの「自立した主体としてよりよい社会の形成に参画する私たち」では，法や規範の意義及び役割，多様な契約及び消費者の権利と責任，司法参加の意義，政治参加と公正な世論の形成，地方自治，国家主権，領土（領海，領空を含む），我が国の安全保障と防衛，国際貢献を含む国際社会における我が国の役割，職業選択，雇用と労働問題，財政及び租税の役割，少子高齢社会における社会保障の充実・安定化，市場経済の機能と限界，金融の働き，経済のグローバル化と相互依存関係の深まり（国際社会における貧困や格差の問題を含む）の各項目が提示されました。

そのうち経済的主体に関わる学習においては，職業選択，雇用と労働問題，財政及び租税の役割，少子高齢社会における社会保障の充実・安定化，市場経済の機能と限界，金融の働き，経済のグローバル化と相互依存関係の深まり（国際社会における貧困や格差の問題を含む）の７項目が示されました。

2018年版公民『解説』では経済の単元において次のように示されています。

> ア　知識や技能
>
> 　公正かつ自由な経済活動を行うことを通して資源の効率的な配分が図られること，市場経済システムを機能させたり国民福祉の向上に寄与したりする役割を政府などが担っていること及びより活発な経済活動と個人の尊重を共に成り立たせることが必要であることについて理解すること。

> イ　思考力，判断力，表現力
>
> （前略）経済などの側面を関連させ，自立した主体として解決が求められる具体的な主題を設定し，合意形成や社会参画を視野に入れながら，その主題の解決に向けて事実を基に協働して考察したり構想したりしたことを，論拠をもって表現すること。

また経済単元の学習を行う際の取り扱いとしては以下のように明記されています。

> 「職業選択」については，産業構造の変化やその中での起業についての理解を深めることができるようにすること。（中略）「経済のグローバル化と相互依存関係の深まり（国際社会における貧困や格差の問題を含む。）」については，文化や宗教の多様性についても触れ，自他の文化などを尊重する相互理解と寛容の態度を養うことができるよう留意して指導すること。

アの知識や技能については「経済的主体などとしてよりよい社会の形成に参画することに向けて，幸福，正義，公正などに着目して，（中略）経済のグローバル化と相互依存関係の深まり（国際社会における貧困や格差の問題を含む。）などに関する理解を基に，例えば，公正で自由な経済活動を通して市場が効率的な資源配分を実現できるのはなぜか，市場経済において政府はどのような経済的役割を果たしているか，活発な経済活動と個人の尊重をともに成り立たせるにはどうしたらよいかなどの問いを設け，他者と協働して主題を追究したり解決したりする活動を通して」理解させることになっており，この「幸福，正義，公正などに着目して」をいかに育んでいくのかがポイントなります。

本項では，経済のグローバル化と相互依存関係の深まり（国際社会における貧困や格差の問題を含む）について考察します。

3.2　授業づくりの要点

援助の在り方を考察させることを軸に，幸福，正義，公正の概念に着目して，経済のグローバル化と相互依存関係の深まりについての課題を探究する授業案を示します。

2017年版『解説』では「貧困に関わっては，先進国と発展途上国との関係や経済的な格差ばかりではなく，発展途上国間においても経済的な格差が広がっていることとともに，貧困の背景には発展途上国においては人口の急増があることなどを理解できるようにし，それらの課題を解決し，人類の福祉の増大を図るためには，例えば，政府開発援助（ODA）をはじめとする我が国の国際貢献を取り上げ，経済的，技術的な協力などが大切であることや，貧困の解消に向けての取組を行っていることなどを具体的に理解できるようにすること」と明記されており，政府開発援助（ODA）をはじめとする国際機関や先進国の援助を是として教えられることが多いです。しかしながら，国際機関や先進国による過度な援助は，当該国の自立を妨げる可能性があること，援助ではなく自立を中心とした支援の在り方があること，また援助する側は国益を念頭に援助を行うことが正義であるか否かといった課題があり，公共の授業においては，その点にまで踏み込んだ探究型の授業が求められます。

「公共」の授業では，探究を行いながら，知識や技能を理解させ，思考力，判断力，表現力を育んでいくことが求められます。それゆえ，単元ごとに主題を設けることになっており，本単元では「発展途上国に対して援助を中心とした支援が良いか，自助を促す支援のどちらが良いであろうか」という主題を設定しました。しかしながら調べ学習やワークショップなどといった主体的な学びだけでは深い学びとならず，また基礎的な知識が必要であるからと言って，最初に講義型の授業を行うことは，探究の授業とは言えません。単元を貫く大きな主題があり，その主題を達成するために各授業のねらいや小さな主題を設け，探究させることが重要であります。その際，授業者側のストーリーを教えこむのではなく，生徒自身が主題に対して主体的に課題に取り組む姿勢を育むことも留意しなければなりません。

また本単元では，すべて授業ごとに，生徒が活動する授業構成となっておりグループワークが中心となります。グループワークのねらいは学習指導要領に明記されている「合意形成や社会参画を視野に入れながら，その主題の解決に向けて事実を基に協働して考察したり構想したりしたことを，論拠をもって表現すること」を意識しています。それゆえ，ただ自らの思いを話すのではなく，どのようにすれば合意形成が図れるのか，自分たちはどのようにすれば社会とかかわることができるのかを意識させ，深く考察させる必要があります。

それゆえ単元のまとめである第5時においての考察する作業は個人作業とし，それまでのグループ学習で学習した様々な意見や考え方を取り入れたのちに，最後には自分はどう考えるのかという時間を設定するようにしています。

3.3　単元計画等

・単元の目標

自立した主体としてよりよい社会の形成に参画することに向けて，現実社会の諸課題に関わる具体的な主題を設定し，幸福，正義，公正などに着目して，他者と協働して主題を追究したり解決したりする活動を通して，次の資質・能力を身に付けることができるようにする。

・経済のグローバル化と相互依存関係の深まりに関わる現実社会の事柄や課題を基に，公正かつ自由な経済活動を行うことを通して資源の効率的な配分が図られること，市場経済システムを機能させたり国民福祉の向上に寄与したりする役割を政府などが担っていること及びより活発な経済活動と個人の尊重を共に成り立たせることが必要であることについて理解しようとする。

・現実社会の諸課題に関わる諸資料から，自立した主体として活動するために必要な情報を適切かつ効果的に収集し，読み取り，まとめる技能を身に付けようとする。

・経済などの側面を関連させ，自立した主体として解決が求められる具体的な主題を設定し，合意形成や社会参画を視野に入れながら，その主題の解決に向けて事実を基に協働して考察したり構想したりしたことを，論拠をもって表現しようとする。

・単元の評価規準

知識・技能	思考・判断・表現	主体的に学習に取り組む態度
・幸福，正義，公正などに着目して，経済のグローバル化と相互依存関係の深まりに関することについて理解をしている。	・法，政治及び経済などの側面を関連させ，自立した主体として解決が求められる具体的な主題を設定し，合意形成や社会参画を視野に入れながら，主題の解決に向けて事実を基に協働して考察したり構想したりしたことを，論拠をもって表現している。	・「経済のグローバル化と相互依存関係の深まりに関わる課題の解決を，主体的に追究しようとしている。

・単元計画

単元名：経済のグローバル化と相互依存関係の深まり

単元指導計画（全5時間）

時	・各時間の項目　■生徒の学習活動
1	・発展途上国の現状と格差 ■南北問題と南南問題の背景について理解する。 ■貧困や格差が解消されていない状況を具体的に説明できる。 ■生徒に「南北問題や南南問題はなぜ解決できないのだろうか」と問いかけ「無人島ゲーム」というグループワークを行いながら，必要不可欠なもの，（needs）とあればよいもの（wants）を整理し，BHNs（Basic Human Needs）について考察する。 ■視聴覚教材を通し，「貧困」について考えさせ，経済的側面から後発発展途上国（LDC）の現状を理解する。
2	・グローバル経済の功罪 ■なぜ経済格差が広がりつつあるのかを，個人・グループで調べ，他者と協働して情報交換をしながら理解を深める。 ■グローバル経済の功罪について，資料を基に発表できる。 ■6つのグループに分かれ，なぜ経済格差が広がりつつあるのかを，KJ 法を活用した学習で個人・グループ別に調べる。KJ 法で整理したことを基に，貧困や格差が解消されていない状況を，具体例を用いて説明できようにする。その際，ODA 白書など一次資料に触れさせる。

3	・ODA について ■ ODA の仕組みを理解し，かつ ODA の問題点について資料から理解する。 ■ ODA の贈与と貸付の違いを紹介し，どちらが支援の在り方として望ましいかとを考えさせる。 ■日本の ODA 実績を資料から読み取らせ，なぜアジア中心であるのか，他国に比べて贈与比率が低いのかを発問し，援助と国益について問題提起をする。
4	・貿易ゲーム ■先進国，開発途上国，後発発展途上国に分かれて貿易ゲームを行い，公正な援助とは何か，正義の援助はあり得るのかなど，援助の本質について体感する。 ■貿易ゲーム終了後に振り返りシートを記入させ，先進国チームはなぜ後発発展途上国を支援しなかったのか，開発途上国は資源をどのように活用したのか，後発発展途上国はどのような援助を求めていたのかについて考察させる。
5本時	・援助の在り方について解決策を考える ■前時までの学習を踏まえて，発展途上国に対して援助を中心とした支援が良いか，自助を促す支援のどちらが良いであろうかという主題に対して，自らの考えた解決策をまとめる。

・本時の評価基準

	A（十分満足できる）	B（おおむね満足できる）	Bに到達させるための支援
思考・判断・表現	・幸福，正義，公正などに着目して，経済のグローバル化と相互依存関係の深まりに関することについて，合意形成や社会参画を視野に入れながら，事実を基に協働して考察したり構想したりしたことを，論拠をもって表現できる。	・幸福，正義，公正などに着目して，経済のグローバル化と相互依存関係の深まりに関することについて，主題の解決に向けて事実を基に協働して考察したり，論拠をもって表現できる。	・経済のグローバル化と相互依存関係の深まりに関して，どのようにすれば主題を解決できるのかを，幸福，正義，公正という，判断基準を示し，導く。

3.4　本時の展開例

時	■学習活動　・予想される生徒の反応	●指導・支援　◇評価
導入 5分	■後発発展途上国の支援の在り方について，後発発展途上国がおかれている現状，先進国の財政状況や経済成長率，輸入・輸出に関わる資料を確認する。	●後発発展途上国の現状を確認させる一方，日本経済が海外との貿易によって成り立っていることなどを紹介する。
展開 ① 20分	■後発発展途上国の支援の在り方について，先進国はどのような援助を行うべきか，次の①，②のどれにあたるのか考え，グループにて援助の在り方について議論をし，考えを考察する。 ①　人類益を優先し，後発発展途上国に重きを置いた支援を行う。 ②　国益を優先し，経済成長が見込まれる国々に重きを置いた支援を行う。	●「人類益」と「国益」の2つの視点を紹介し，誰の幸福で，何が正義で，何が公平かを示して考えさせる。 ◇支援の在り方について，2つの視点から考察することができる。
展開 ③ 20分	■援助の在り方について，発展途上国に対して援助を中心とした支援が良いか，自助を促す支援のどちらが良いかを，幸福，正義，公正の視点で考察する。 ■短期的・中長期的な視点から，望ましい社会像を考え，描くのかを考え，表現する。	●帰結主義や非帰結主義の考え方や，SDGs の視点から考察させるなど，多面的多角的な視点から考えるように促す。 ◇援助の在り方について，幸福，正義，公正の観点から考察することができる。
終末 5分	■単元の学習内容を振り返る。 ・振り返りシートを記入し，単元を通して自らの考え方がどのように変化したのかを確認する。	●評価基準がBに立ってしていない生徒には個別に支援を行う。

(参考文献)

日本公民教育学会編（2019）：『テキストブック公民教育』第一学習社.

橋本康弘編著（2018）：『「公共」の授業を創る』明治図書.

（宮崎三喜男）

索　引

〈た行〉

〈な行〉

〈は行〉

〈ま行〉

〈ら行〉

〈わ行〉

執筆者紹介［　］内は本書の担当

（氏名・生年・所属・主な著作（一編），所属は2021年３月末現在）

編著者

中平一義（1974年）．上越教育大学．法教育の学習理論．中平一義編著・村松謙法律監修『法教育の理論と実践－自由で公正な社会の担い手のために－』現代人文社，pp. 36-56，2020.［第１章，第２章，第８章１，第11章１］

茨木智志（1961年）．上越教育大学．The Evolution of World History Education in Japan. Minamizuka Shingo ed., *World History Teaching in Asia: A Comparative Survey*, Berkshire, pp. 54-75, 2019.［第３章，第７章１，第10章１］

志村　喬（1961年）．上越教育大学．教科教育としてのESD授業開発の手法－社会科授業を事例に－．井田仁康編『教科教育おけるESDの実践と課題－地理・歴史・公民・社会科－』古今書院，pp. 10-25，2017.［第６章１，第９章１］

著者（執筆順）

橋本暁子（1982年）. 上越教育大学．Changing Peddling Activities in a Traditional Vegetable Producing Area: The Case of Kamigamo district, Kyoto. *Geographial Review of Japan Series B*, 87（１）: 47-64, 2014.［第４章］

小栗英樹（1968年）．文部科学省. 国立教育政策研究所『「指導と評価の一体化」のための学習評価に関する参考資料』（共著），東洋館出版社，2020.［第５章］

小林晃彦（1958年）．上越教育大学．なぜ中学校の総合学習の学びが大切なのか．鈴木亮太編著『今こそ『総合』教師が育つ，子どもが育つ』大日本図書，pp. 9-16，2020.［コラム］

安岡卓行（1974年）．宇都宮大学．地理写真を使用した読解力の育成に関する実証的研究．新地理，57（３）, pp. 14-25，2009.［第６章２］

阿部信也（1983年）．長岡市立東北中学校．中学校社会科地理的分野を中核にした自校化された防災教育カリキュラムの開発研究ー新潟県三条市における授業実践を通してー．上越教育大学修士論文，2019．［第６章３］

佐藤勝久（1982年）．上越教育大学附属中学校．様々な視点から社会的事象に迫る中学校地理的分野の実践「自然災害」を題材にして．社会科研究紀要，54，2021．［第７章２］

岩野　学（1982年）．三条市立第四中学校．激動を駆け抜けた外交官芳澤謙吉．林泰成監修『夢・志を抱いて　ふるさとの偉人読み物資料集』上越市教育委員会，pp. 45-50，2017．［第７章３］

野嵜雄太（1980年）．相模原市立新町中学校．法教育における社会的なルールづくり．中平一義編著・村松謙法律監修『法教育の理論と実践ー自由で公正な社会の担い手のためにー』現代人文社，pp. 134-145，2020．［第８章２］

室井章太（1985年）．会津若松市立一箕中学校．法教育における主権者教育．中平一義編著・村松謙法律監修『法教育の理論と実践ー自由で公正な社会の担い手のためにー』現代人文社，pp. 166-175，2020．［第８章３］

高木　優（1972年）．神戸大学附属中等教育学校．地理総合での地球的課題を主題とした学習が地理探究での地誌学習にどのようにつながるか．新地理，68（２），pp. 73-80，2020．［第９章２］

中野理恵（1978年）．新潟県立長岡明徳高等学校．新潟県笹神村における農業の存続形態と環境保全型農業の役割．筑波大学修士論文，2002．［第９章３］

杉山比呂之（1982年）．専修大学附属高等学校．及川俊浩・杉山比呂之編『アクティブ・ラーニング実践集　日本史』山川出版社，2019．［第10章２］

大木匡尚（1972年）．東京都立府中高等学校．1955年度版学習指導要領に準拠した中学校社会科における系統的カリキュラムの検討．中等社会科教育研究，35，pp. 11-21，2017．［第10章３］

小貫　篤（1984年）．筑波大学附属駒場中・高等学校．野村美明・江口勇治・小貫篤・齋藤宙治編著『話し合いでつくる中・高公民の授業―交渉で実現する深い学び―』清水書院，2018．［第11章２］

宮崎三喜男（1977年）．東京都立国際高等学校．「思考力，判断力，表現力」等の育成を目標とする授業．橋本康弘編著『高校社会「公共」の授業を創る』明治図書，pp. 126-131，2018．［第11章３］

中等社会系教科教育研究
―社会科・地理歴史科・公民科―

2021年３月31日　初版第１刷発行

編著者　中平一義
茨木智志
志村喬

発行者　風間敬子

発行所　株式会社　風間書房
〒101-0051　東京都千代田区神田神保町 1-34
電話 03(3291)5729　FAX 03(3291)5757
振替 00110-5-1853

印刷　太平印刷社　製本　井上製本所

NDC 分類：375

ISBN978-4-7599-2368-1　Printed in Japan